思想的・睿智的・獨見的

經典名著文庫

學術評議

丘為君 吳惠林 宋鎮照 林玉体 邱燮友
洪漢鼎 孫效智 秦夢群 高明士 高宣揚
張光宇 張炳陽 陳秀蓉 陳思賢 陳清秀
陳鼓應 曾永義 黃光國 黃光雄 黃昆輝
黃政傑 楊維哲 葉海煙 葉國良 廖達琪
劉滄龍 黎建球 盧美貴 薛化元 謝宗林
簡成熙 顏厥安（以姓氏筆畫排序）

策劃 楊榮川

五南圖書出版公司 印行

經典名著文庫

學術評議者簡介（依姓氏筆畫排序）

- 丘為君　美國俄亥俄州立大學歷史研究所博士
- 吳惠林　美國芝加哥大學經濟系訪問研究、臺灣大學經濟系博士
- 宋鎮照　美國佛羅里達大學社會學博士
- 林玉体　美國愛荷華大學哲學博士
- 邱燮友　國立臺灣師範大學國文研究所文學碩士
- 洪漢鼎　德國杜塞爾多夫大學榮譽博士
- 孫效智　德國慕尼黑哲學院哲學博士
- 秦夢群　美國麥迪遜威斯康辛大學博士
- 高明士　日本東京大學歷史學博士
- 高宣揚　巴黎第一大學哲學系博士
- 張光宇　美國加州大學柏克萊校區語言學博士
- 張炳陽　國立臺灣大學哲學研究所博士
- 陳秀蓉　國立臺灣大學理學院心理學研究所臨床心理學組博士
- 陳思賢　美國約翰霍普金斯大學政治學博士
- 陳清秀　美國喬治城大學訪問研究、臺灣大學法學博士
- 陳鼓應　國立臺灣大學哲學研究所
- 曾永義　國家文學博士、中央研究院院士
- 黃光國　美國夏威夷大學社會心理學博士
- 黃光雄　國家教育學博士
- 黃昆輝　美國北科羅拉多州立大學博士
- 黃政傑　美國麥迪遜威斯康辛大學博士
- 楊維哲　美國普林斯頓大學數學博士
- 葉海煙　私立輔仁大學哲學研究所博士
- 葉國良　國立臺灣大學中文所博士
- 廖達琪　美國密西根大學政治學博士
- 劉滄龍　德國柏林洪堡大學哲學博士
- 黎建球　私立輔仁大學哲學研究所博士
- 盧美貴　國立臺灣師範大學教育學博士
- 薛化元　國立臺灣大學歷史學系博士
- 謝宗林　美國聖路易華盛頓大學經濟研究所博士候選人
- 簡成熙　國立高雄師範大學教育研究所博士
- 顏厥安　德國慕尼黑大學法學博士

經典名著文庫148

思想自由史

A History of Freedom of Thought

約翰・巴格內爾・伯里 著
(John Bagnell Bury)
羅家倫 譯

經典永恆・名著常在

五十週年的獻禮・「經典名著文庫」出版緣起

總策劃 楊榮川

五南，五十年了。半個世紀，人生旅程的一大半，我們走過來了。不敢說有多大成就，至少沒有凋零。

五南忝爲學術出版的一員，在大專教材、學術專著、知識讀本出版已逾壹萬參仟種之後，面對著當今圖書界媚俗的追逐、淺碟化的內容以及碎片化的資訊圖景當中，我們思索著：邁向百年的未來歷程裡，我們能爲知識界、文化學術界做些什麼？在速食文化的生態下，有什麼值得讓人雋永品味的？

歷代經典・當今名著，經過時間的洗禮，千錘百鍊，流傳至今，光芒耀人；不僅使我們能領悟前人的智慧，同時也增深加廣我們思考的深度與視野。十九世紀唯意志論開創者叔本華，在其〈論閱讀和書籍〉文中指出：「對任何時代所謂的暢銷書要持謹慎的態度。」他覺得讀書應該精挑細選，把時間用來閱讀那些「古今中外的偉大人物的著作」，閱讀那些「站在人類之巔的著作及享受不朽聲譽的人們的作品」。閱讀就要「讀原著」，是他的體悟。他甚至認爲，閱讀經典原著，勝過於親炙教誨。他說：

「一個人的著作是這個人的思想菁華。所以，儘管一個人具有偉大的思想能力，但閱讀這個人的著作總會比與這個人的交往獲得更多的內容。就最重要的方面而言，閱讀這些著作的確可以取代，甚至遠遠超過與這個人的近身交往。」

爲什麼？原因正在於這些著作正是他思想的完整呈現，是他所有的思考、研究和學習的結果；而與這個人的交往卻是片斷的、支離的、隨機的。何況，想與之交談，如今時空，只能徒呼負負，空留神往而已。

三十歲就當芝加哥大學校長、四十六歲榮任名譽校長的赫欽斯（Robert M. Hutchins, 1899-1977），是力倡人文教育的大師。「教育要教眞理」，是其名言，強調「經典就是人文教育最佳的方式」。他認爲：

「西方學術思想傳遞下來的永恆學識，即那些不因時代變遷而有所減損其價值的古代經典及現代名著，乃是眞正的文化菁華所在。」

這些經典在一定程度上代表西方文明發展的軌跡，故而他爲大學擬訂了從柏拉圖的《理想國》，以至愛因斯坦的《相對論》，構成著名的「大學百本經典名著課程」。成爲大學通識教育課程的典範。

歷代經典．當今名著，超越了時空，價值永恆。五南跟業界一樣，過去已偶有引進，但都未系統化的完整舖陳。我們決心投入巨資，有計畫的系統梳選，成立「經典名著文庫」，希望收入古今中外思想性的、充滿睿智與獨見的經典、名著，包括：

- 歷經千百年的時間洗禮，依然耀明的著作。遠溯二千三百年前，亞里斯多德的《尼各馬科倫理學》、柏拉圖的《理想國》，還有奧古斯丁的《懺悔錄》。
- 聲震寰宇、澤流遐裔的著作。西方哲學不用說，東方哲學中，我國的孔孟、老莊哲學，古印度毗耶娑（Vyāsa）的《薄伽梵歌》、日本鈴木大拙的《禪與心理分析》，都不缺漏。
- 成就一家之言，獨領風騷之名著。諸如伽森狄（Pierre Gassendi）與笛卡兒論戰的《對笛卡兒沉思錄的詰難》、達爾文（Darwin）的《物種起源》、米塞斯（Mises）的《人的行爲》，以至當今印度獲得諾貝爾經濟學獎阿馬蒂亞．

森（Amartya Sen）的《貧困與饑荒》，及法國當代的哲學家及漢學家余蓮（François Jullien）的《功效論》。

梳選的書目已超過七百種，初期計劃首爲三百種。先從思想性的經典開始，漸次及於專業性的論著。「江山代有才人出，各領風騷數百年」，這是一項理想性的、永續性的巨大出版工程。不在意讀者的眾寡，只考慮它的學術價值，力求完整展現先哲思想的軌跡。雖然不符合商業經營模式的考量，但只要能爲知識界開啓一片智慧之窗，營造一座百花綻放的世界文明公園，任君遨遊、取菁吸蜜、嘉惠學子，於願足矣！

最後，要感謝學界的支持與熱心參與。擔任「學術評議」的專家，義務的提供建言；各書「導讀」的撰寫者，不計代價地導引讀者進入堂奧；而著譯者日以繼夜，伏案疾書，更是辛苦，感謝你們。也期待熱心文化傳承的智者參與耕耘，共同經營這座「世界文明公園」。如能得到廣大讀者的共鳴與滋潤，那麼經典永恆，名著常在。就不是夢想了！

二〇一七年八月一日 於

五南圖書出版公司

導讀

南華大學文學系教授兼主任 陳章錫

思想自由，人人皆知其重要，人人皆知其可貴。故俗諺云：「不自由，毋寧死。」而自由的各種面向中，最關鍵的當屬言論自由；在西洋歷史上曾釐清自由的概念，闡釋其奧旨的重要人物，最早是蘇格拉底（Socrates），近世則有洛克（John Locke）、伏爾泰（François Marie Arouet de Voltaire）、盧梭（Jean Jacques Rousseau）等。而探討自由意義之名著，比本書《思想自由史》（*A History of Freedom of Thought*）著作年代稍前，且作爲參照本的是約翰·史都華·穆勒（John Stuart Mill）的《論自由》。至於思想自由何以會遭到脅迫壓抑？尋其主要來源是在政治、宗教方面，至於突破壓迫的關鍵則是科學知識的確立與哲學方面理性思維的作用。

即使是民主自由的普世價值，已經受到肯定的現代社會及當今世界，卻仍有許多人還未能享受到民主的果實及思想自由的權利。這豈不令人慨嘆！申言之，自由其實有許多向度，或是在宗教方面的信仰自由，或是在政治方面的民主自由，或是在感情方面的戀愛、婚姻自由，更有那表達自身思想感受方面的言論自由等，可說是林林總總。其中能高瞻遠矚，提出有關全人類自由課題的探討，現代較著名者是美國的羅斯福（Franklin Delano Roosevelt）總統，在一九四一年，提出世界各地的人應擁有的四大自由：言論自由、信仰自由、免於匱乏及免於恐懼的自由。其所以會提出，係因爲關懷美國國家安全，以及肆虐東半球的二戰對其他國家構成威脅。而當今，世界上仍有許多人們或國家，不能免於戰爭的恐懼或者被奴役的威脅迫害。可見思想自由這一課題，仍有加以探討、深研的必要。

本書《思想自由史》爲西方史學界公認之名著，作者約翰・巴格內爾・伯里（John Bagnell Bury），是英國著名歷史學家，一九〇二年繼阿克頓（Lord Acton）公爵任劍橋大學近代史教授講座。《思想自由史》出版於一九一三年，距今已歷一百餘年，但今日看來，仍充滿洞見，對於文明的進程、理性的探察，以及各種宗教、政治制度之威權迫害，導致剝奪人身自由的本質原因，剖析精詳，仍極具參考價值。

譯者羅家倫，在民國八年參與五四愛國運動，爲學生領袖之一，並代表撰寫〈北京學界全體宣言〉。自民國九年留學美國及遊歷歐洲，在四大國五名校研讀七年，成爲知名歷史學家、教育家，曾任職清華大學、南京大學校長。羅家倫翻譯本書始於民國八年，迄民國十五年譯畢，過程中屢經修改重譯，態度極其慎重。又因擔憂中文讀者對於西方文明發展的背景知識較爲缺乏，另行加入許多注解，對於書中人物、著作、時地及思想特色等，詳加說明，對於一般讀者能得到深入理解，確實很有助益。

全書的論述雖僅限於西方世界文明史中，思想自由這一課題的探討，但若放在民國初年民智未開的環境中，國人對於思想、言論自由的態度較爲消極，對於民主、科學的知識素養猶待推行建立；對於宗教本質的理解及其眞正作用，仍未能眞切體認的情況下。本書引介到中土，確實有其積極作用，可以使讀者對於思想自由的眞諦及言論自由的權利，得到更爲深切的體認。

本書與西方歷史文明之進程密切相關者，一是基督教的興起、分裂和發展，二是法國大革命及美國的獨立運動，三是科學中各領域學術眞理的發現與確定，四是哲學與文學方面，重要著作對於自由觀念的闡釋及釐清。因此，閱讀本書若有先備條件應更爲妥當，即有關西方世界的歷史、宗教、哲學、科學、文學與藝術的發展歷程，以及其彼此間互動交涉之情形。而所涉及到的幾個關鍵運動是：文藝復興（Renaissance）、人本主義（humanism）、宗教改革與啓蒙運動。

文藝復興運動是發生於十三世紀的義大利，而後推及到北歐的古代文學覺醒運動，其重大意義是打破中世紀以神權爲主的黑暗時代，轉變爲以人爲本的文學、藝術發展，又稱爲人本主義。在此之前的西歐社會，思想文化完全由天主教會把持，教育機構建立在教堂和修道院裡面，由教士教授神學爲主。隨著城市興起、工商業的發展，人們的思想開始覺醒，關注的重心由神轉移到人的身上。

宗教改革發生於十六世紀，在一五一七年，由德國馬丁路德（Martin Luther）發難，喀爾文（John Calvin）繼起發揚。路德創立「因信稱義」的宗教學說，主張人的靈魂獲救只需依靠個人的信仰，不需要外在的善功及服從教會的權威。抗衡羅馬教會的貪婪暴斂，出售贖罪券（indulgence）等惡劣行徑。促成簡樸自律的新教派，同時也迫使天主教自身進行改革。

近代天文史始於一五四三年，該年哥白尼（Nicolaus Copernicus）發表地動說；後來由伽利略（Galileo Galilei）經過實際觀察證明。在思想自由史上是一件重要的事，因爲科學與《聖經》所爭之點，明白確定。義大利哲學家布魯諾（Giordano Bruno）承認哥白尼的地球繞日說，被處死刑；范儀理（Lucilio Vanini）是其後繼者。新教徒誅除異己的手段，並不落後於舊教的宗教審判制。

啓蒙運動是十八世紀發生於德國、法國一帶的思想運動，「啓蒙」一詞，意謂著通過理性之光啓導在封建陋習與宗教傳統下，被無知、迷信或教義所支配著的一般民眾的蒙昧。同時普及自由思想、科學知識以及自覺的精神，使人們能自覺人存在本身的尊嚴與獨立。

簡言之，本書的主軸是屬於理性與威權之間的爭持，涉及宗教信仰機構內部的貪婪腐敗，以及主教、教會與國家政治權力掌控者之間的勾結與迫害。另一方面，也因維護《聖經》之權威，而對於天文學及科學的發展，形成障礙；不惜以火刑處死科學家。更以出版法及褻瀆法（Blasphemy Law），箝制思想自由及言論自由。

本書的結構及論述的脈絡，思想的進程符合正反合的辯證發展規律。全書共分八章闡述，除了第一章導言、第八章結論之外，中間六章分爲三部分，內容是思想自由與其反對勢力相互爭持的過程，起初是從希臘、羅馬的理性自由時代，進入到中世紀受神學禁錮的理性入獄時代，其後經文藝復興、宗教改革，步入近代，科學及哲學繼起發皇，理性逐步得到解放、發展、進步的過程。

「思想自由」是本書主線，我們若以東方與西方的文明作比較，二者的發展也互相呼應。首先，與古希臘大約同期的中國戰國時代，同樣也正是學術自由充分發展的黃金時代，百家齊放，暢所欲言，因此，成爲理性充分發舒、知識急遽增進的時代。因此，本書作者即認爲：「歷史告訴我們當玄想在希臘完全自由的期間，是知識最長進的時代。」東、西方遙相呼應。一直到近代西方科學與哲學輝煌發展，作者又告訴我們「等到研究探尋眞理的束縛解除之後，近代的學術方電掣風馳地前進。」即因科學發展水到渠成之後，思想自由才眞能落實。其中十九世紀是思想自由得到發展的關鍵時代，科學歷經三百年來的發展，其主要研究成果已臻成熟及完備；許多重要學門的著作，已足以反駁宗教對人的不合理迫害，尤其是有關《聖經》在文獻上的自相矛盾及錯誤之處。許多迷信及威權迫害已經破解，思想自由的條件已使得許多迷信及威權不攻自破。

值得注意者，第一章的導言：「思想自由及其反對方面勢力」，作者提出思想自由具有三個特點：首先，思想自由之驗證，不是暗地想像的天賦自由，而是伴隨著言論自由一體成立，思想自由若有任何價值，是將言論自由包括在內的。其次，今日吾人所享有的自由成果，其實是歷經血流成渠，費了幾個世紀，直到近代才得到扭轉，因爲人類社會自古以來常是反對思想自由，即反對新思想；普通的頭腦總是懶於思考，對於信仰常是承受著而不曾疑問。因此，新的思想和懷疑已有信仰與制度的意見，總是帶來禍災；新奇的意見，總被視爲危險且覺得厭煩。考察其成因，是心理的懶惰加上積極的恐懼心，守舊的本能凝成守舊的教條，再加上迷信的助力，常以爲任何組織變更，都足以危及社會的基礎。第三，那負有統治社會責任的人，也能有理由認爲禁止危險思想的流行，正如防範任何危害社會的動作一樣壓制思想自由，是他們職守所繫；而當然這自是一種錯誤。因此，總結來說，本書的主題，是自古以來理性與權威不斷爭持的過程。

第二章爲理性自由時代，標示出一個歷史上思想自由的理想典範，時間約在西元前六世紀至五世紀，即希臘及羅馬時代，前者表現在哲學的玄想、科學的進步、政治的條件，同時也表現在文學與藝術的臻於美妙，希臘人以自由的眼光去觀察世界，以意志與勇氣展現批評與好奇心，不受任何限制。古代哲學家用理性的力量，去深探宇宙的原始與構成。在宗教方面，希臘沒有後來的僧制，也沒有可笑不通的創世說，德謨克利特（Democritus）創發原子說（atomic theory），後復興於十七世紀。在辯士方面，從宇宙問題轉爲人生問題，如道德及政治，論其如何辨別眞僞，進而研究知識的本質、理性的方法（邏輯）和理性的工具（修辭），總在自由討論和自由研究，推求一切的事，都不外乎理性。如普羅塔哥拉斯（Protagoras）出了一本書叫做《論神》（*On the Gods*），目的在於證明神是不可以用理性知道的，人雖獲罪，書仍大賣。

第八章是本書總結：主張思想自由的理由。在行文上利用反證法，站在政府的立場，提出壓迫思想自由的藉口，係爲了辨別是非及防止人民受到侵害的義務，故其分內責任，必須干涉人民；於是歷史上的宗教審問制、出版檢查法和褻瀆法等等，行使過度也無妨。基於保護社會去抵抗信以爲有重大危害的東西，是出自義務。然而，以上所言，其實都是錯誤的，但是卻成爲許多集權者或野心家的藉口；今日我們已知否認國家有任何權力，可以干涉意見的自由發表。

最早指出討論自由的社會價値者是蘇格拉底，而以系統的精密推理，作擁護思想自由的主張是約翰・史都華・穆勒在一八五九年發表的《論自由》，這本書概論自由，並且想爲個人的自由劃一個範圍：在這界限之內，他是絕對的，不能侵犯的。他指出社會對於個人干涉得當與否，是沒有確定的標準可以試驗的；他只能以自衛的原則，也就是防止任何舉動侵害他人的原則，做他試驗的標準。另外，少數人主張的意見，「在當時是代表大家所忽視的東西，所不經心的利益。」穆勒特別欣賞盧梭的學說，因爲它含藏積聚著當時所缺乏的大量眞理，在十八世紀是危險而幾乎被摧殘的，卻能將固結的片面思想，如春雷般加以爆破震碎。

作者明確地指出：若是文明史對於我們有任何教訓，這個教訓便是：「對於知識和道德的進步，有一個無上的條件，是人類自己可以完全保持者，就是思想和言論的完全自由。建設這種自由，可以說是近代文明最可寶貴的成績。」在今日世界上仍有許多地區的政府，專制集權，對待人民採取嚴格控管的方式，以冠冕堂皇的理由，訴求統一與安定，很諷刺的是穆勒很早就指出：「要把社會的習俗制度和方法，重新適應新的環境和要求，要有無限制的自由，去討論和批評他們，去讓最不合時宜的意見發表。無論這種意見對於一時好尚的情感，如何衝犯，都當讓他們充分發表出來。」

在全書末尾，作者語重心長地提出了教育的重要性，我們應當盡所有的力量，使幼童和青年的心裡，受到一種深刻的印象，認定思想自由是人類進步的基本原則。而且以上工作須經長時間才能成就，因爲我們自古以來教導兒童的方法，都是教孩子順著權威。總而言之，正確的教育方法，是應讓學生了解並眞切體現思想自由，這可眞是發人深省！

譯言

這部最簡括的名著，述二千餘年來西洋理性與權威之爭——也就是述哲學，特別是科學與宗教之爭；於不多的篇幅之中，可以窺探西洋思想潮流演進的大概。它或者也可以稱爲《理性觀的西洋思想史》，然而思想史的名稱太廣泛，絕非嚴謹的史家如約翰·巴格內爾·伯里教授者所欲加於本書。本書的出發點是「自由思想」（free thought），然而著者不稱爲《自由思想史》（*A History of Free-thought*）乃稱爲《思想自由史》（*A History of Freedom of Thought*），想來也有理由。「自由思想」這個名詞，相沿用以表示反抗基督教神學的理性思想[①]，而此書上及希臘羅馬，遠在基督教神學成立以前，並且討論思想言論自由的基本原理，不是專爲對待基督教神學的思想說法。更何況「十八世紀的自然神論」（The 18th Century Deism）常常得著「自由思想」的標幟[②]，假設把這本書名爲《自由思想史》，不過範圍和現在的有廣狹的不同，恐怕還要夾入其他的聯想。這個命名的意思，雖

---

① 參看本書第一章。

② 參看 J. M. Baldwin: "*Dietionary of Philosophy and Psychology*," Vol. 1, p.396。

是根據譯者所了解的，或者也是著者可以承認的。

關於這部書的譯法，譯者或者也當說幾句話：

（一）譯者在其力量所及，務求忠於原文；然原文不但精密深刻，而且常有意在言外之處。其徵引他人的，亦多係此類文體。譯者於不敢損益中，力求其本意的顯達。深惜多少好的「射他耳」（satire）與「意蘊裡」（irony），（二者均為音譯，雖與本音標準，不無微有出入處）。本來就很難轉入第二文字的，更被譯者的笨筆作踐了。

（二）對於許多非本名的名詞，譯時不問其通常之含義，而問其在本書中之所指。因為每個名詞，都有自己特殊的歷史背景。對於本名的名詞，則有照通俗所沿用的，也有自己斟酌變更的。

（三）想懂得這書的本意，而謀執行（一）、（二）兩項，則絕非僅讀本書所能了事。著者在書後所列參考書表，極為精當；譯者按其所指示者涉獵，得益匪淺。望有志繼續研究這個問題的，不可忽略。

（四）這本書因為想把須彌山放在芥子裡面，所以極為收斂，假定讀者曾知道許多事實的背景。這種假定，在歐洲受教育階級裡，大概還通行得過去；若是移到文化和歷史背景完全不同的中國，自然沿途都是困難。所以譯者不但須將許多事實和引證，加以注釋，就是對於通常的歷史人物，也要將他們的時地考明，免得讀者的歷史觀念混亂。這樣一做，於是多出幾百條注解，其中有些是極麻煩而不易找到的。考證所根據的書籍，最重要的是：

1. "*Encyclopaedia Britannica*,"11th Edition.
2. "*La Grande Encyclopédie*."
3. "*Meyers Grosses Konversations Lexikon*,"1903.
4. "*Herders Konversations Lexikon*."
5. James Hastings: "*The Encyclopaedia of Religion and Ethics*."
6. J. M. Baldwin:"*Dictionary of Philosophy and Psychology*."
7. L. Stephen: "*Dictionary of National Biography*."
8. Wetzer u. Welte:"*Kirchlexikon*," 1891.
9. "*Encyclopaedia Biblica*."

但是還有考不出來的，如第四章中馬可來諾（Macolano）的身世，即找"*The Nuova Enciclopedia Italiana*"亦不可得，只能任其暫闕。並且爲了這本書，譯者將《舊約》（*The Old Testament*）與《新約》（*The New Testament*）中重要各書，重讀一遍。

凡前章有注解的，後章略去。凡一次注西文原名的，下次略去；但遇重要處或因有同姓者易起誤解處（如 Sir James Fitzjames Stephen 及 Sir Leslie Stephen），則常重注原文。關於注解，譯者費了許多的時候和工作，望讀者不責備他的瑣碎而且讀時不忽略過去，或者對於這書的了解，有點幫助。

譯者動手譯這本書，遠在民國八年春間，當時將未完譯稿，交北京《晨報》逐日發表，到第五章止。《晨報》鼓勵這種譯本的盛意，譯者謹藉這個機會謝謝。但是譯到第五章的時候，他就因事中止了。九年在美，見幾個著名的史學教授，如 J. H. Robinson 等，講起西洋文明史來，都介紹學生讀這本書，常說這是最好的一種著作，關於西洋思想潮流的大概。於是他續譯的心思復動。十年夏間，乃將第六和第七兩章——最難的部分——譯完；十一年夏間將第八章——最後的一章——譯完。常想修改後寄回中國出版，而總沒有時間。十四年在柏林，發憤動手修改前五章，不料他自己大不滿意當日所譯，結果將這五章完全譯過。十五年在巴黎修改後三章，復多不滿之處，將第六和第七兩章大部分修改，而將第八章也重新改譯。這就是目前這份稿子。當然裡面還一定有可以使譯者不安的地方，他現在不曾發現或覺得；只是將來一發現或覺得了，他一定虛心地再去改。他想對於學術的工作，不苟且而求自己心之所安是最重要的事。

這本小書原來的價值，在西洋早經估定，用不著此處再講。不過譯者覺得這本書傳到中國來，卻有兩重特別的使命，像是要擔負的。

第一，中國人對於自由，尤其是對於思想言論自由的態度，是消極的、放任的。我們的先賢，雖然在中國歷史上造成許多光榮的例外，但是仔細觀察起來，他們的犧牲，大概可以分為兩種：（一）他們雖常因言論而遭禍，但是他們所遭受的，多半是其所發言論自然產生的結果，而不是有覺性地想為言論自由的主張去犧牲，以喚醒大家對於這件主張所應當覺得的價值。（二）如文字諸大獄，且把被羅織地除開，論到真正為文字獲罪諸人，其所不惜身殉的乃是——至少其所著重的是——政治運動，而不是純粹知識的主張。因爲歷來的注重不同，於是大家對於這種人類進步必不可少的原則，個個應當享受的權利，竟棄而不問，任他仰著權威的鼻息，朝生暮死。二十五年前嚴復先生譯約翰・史都華・穆勒的《論自由》，（後嚴先生改作《群己權界論》）。譯稿失而復得，嚴先生以爲或者是「天相中國」，將留此書以大有造。不料二十五年後中國的言論思想自由在內部雖然發酵，而在外面所受的摧殘，恐怕還遠過當日。更不料現在爭廢止《出版法》和《治安警察法》的人，雖然他們的舉動我根本佩服，並不曾用力發揮思想言論自由的原則之精義，以折服國人，只是以刻板文章，說是西洋各國如此則我們也當如此。這或者是穆勒的說理，太深刻而太重抽象，且於歷史的具體事蹟太略，或者是嚴先生的譯筆太高古，二者合在一起，導致減少該書在中國所應當發生的影響。但是對於這層，約翰・史都華・穆勒與嚴復所負的責任，萬不及一般中國人事事不願意探求基本原理所負的責任。譯者私自的意見，以爲中國民族如果要爲學術和他種主張掙扎出一種獨立不撓的精神，縱不能產生幾個爲純粹知識的意見而燒死的焦爾達諾・布魯諾，也當產生幾個不怕終年向法庭和監獄討生活，置自己的地位和身家於不顧，而專以喚醒國人對於思想言論自由的覺性的查爾斯・布拉德勞（Charles Bradlaugh）。凡是外面壓力的侵入，都是乘著內部的弱點。假設如果不把這種自由的原則，深深地貫入一般人腦中，凝成鑽石似的晶體，以對抗外面的鎚鑿，則幾種紙上條文的興廢，與自由本身的保障毫不相關。以上這番話，僅爲對待外面有形的權威而說；至於解除思想內部束縛理性的權威，也是思想進步的程序中一件極重要的事。關於這層，本書的篇幅雖然有限，但是其所提明的筋絡和列舉的先型，也不無可以使讀者興奮而且能夠遵循的地方。

第二，宗教的問題——尤其是基督教的問題——現在已經是一個沸騰的問題，在國內一般人的覺性上燒著。這是一個很有意識的問題，於中國一切學術、思想、政治和社會發展的前途，關係甚大。要得著這問題適應的解決，譯者認爲只有向西洋的歷史——尤其是文化史——去借鑑。以基督教爲例，關於其教義的眞僞，自當悉心研究十九世紀的《聖經》批評，和十八世紀自然神論者（deist）、無神論者（atheist）各派的學說。至於研究其在學術、思想、政治和社會各方面的影響，自然當審查它在西洋歷史上的前因後果。譬如，在基督教以前，我們當研究希臘的哲學科學，爲什麼能那般自由地發展？中古時代爲什麼大家都變成一種「潛龍有悔」、「遯世無悶」的情形？近代科學的萌芽，爲什麼迭受摧折；不是得著一般不避艱險的先烈，能爲眞理犧牲，則不知今日是否還有這個碩果？爲什麼到一九二五年，中國人稱爲先進國的北美合眾國南部，有幾州還以州議會的立法，禁止州立學校教授進化論？爲什麼有驚動一世的「猴審」，使田納西州（Tennessee）的代頓（Dayton）得「猴鄉」（Monkeyville）的雅號？爲什麼在二十世紀的文明國家，曾任國務總理的布萊恩（W. J. Bryant），天天還用政治和經濟的勢力，到處去阻止生物科學的發展，揚言「達爾文（Charles Robert Darwin）可以使你們的祖宗變猴子，不能使我的祖宗變猴子？」這些冷酷的事實，是正待虛心研究的。所以擁護宗教和反對宗教的人，無須專尚意氣之爭，且請

「回到事實」。近來國內反教擁教的團體，似乎風起雲湧。但是從實際上考察起來，只是下了一陣不經輕養二氣凝合成點的「宣言雨」。譯者深知「紙質霤霰彈」是歷來中國專利的武器發明，但是兩方用了，都不見得於敵人有害，這或者也是宋襄公仁義爲懷的意思。實際上要攻擊某項宗教的人，首先應當知道某項宗教在歷史上確切的罪狀。擁護某項宗教的人，更應當知道他的宗教在歷史上所演出的經過，庶幾可以免蹈許多前人愚妄的覆轍；更可以釜底抽薪，免除許多人類的慘劇，撤銷許多進步的障礙：這或者也不悖宗教家博愛之心。果然兩方面都能向這條不是迷失的路上走，則這本簡潔的著述，很謙卑的或者可以做一塊敲門磚兒。

能爲純粹的知識主張而殉，是人類最光榮，最高尚不過的事。能自己爲思想言論自由做有覺性的犧牲，以喚起他人對於此事的覺性，是對於社會最有實利的貢獻。研究事實，從事實上抽得基本原理而鑄成的深信，才是眞的深信。溫度極高而沒有水分的空氣，在這永不停息的社會機械裡，不但無用，而且處處發生危險。最能改變未來途徑的，莫過於已往的經驗。歷史上的錯路，可以重走一遍，要是人忽略了它的教訓。

羅家倫

民國十五年四月，法國巴黎國家圖書館

著者小傳

在英國——不然，在說英文的國家——裡，約翰．巴格內爾．伯里教授可以算是最重要的史學家，——若是我們小心一點，避免「最大的」這個名詞。這是一般歷史學的史家所能公認的。除了他自己多少可靠而眞有貢獻的著作之外，他繼承阿克頓男爵在劍橋大學皇家設立的近代史教授的講座，——這是英國史學界最重要的地位；——偉大的《劍橋大學中古史》是他計劃的。同樣偉大的《劍橋大學上古史》是他領袖編輯的。（兩書尚繼續在出版。）很少史家的學問有他這樣淵博，很少史家的思想有他這樣深刻。伯里於一八六一年生於愛爾蘭 Clontibret。最奇怪的是他生於宗教勢力甚盛的地方，而他的父親 Rev. E. J. Bury，是一位牧師。他的大學教育，是在愛爾蘭首都都柏林大學的三一學院（Trinity College）受的，給了他一個碩士的學位。一八八五年被舉爲該大學研究員（Fellow）（這是英國大學裡的一種特別制度，Fellow 可以說是大學裡一種研究的教員，有時授課，有時並不授課。對於造就學者，這種制度最善。）直至一八九三年止。自一八九三至一九〇二年爲都柏林大學近代史教授；一八九八至一八九九年間，復被推爲皇家所設希臘文教授，因爲他的希臘文是極好的。一九〇二年阿克頓死了，伯里被選爲繼任他的劍橋大學皇家所設近代史教授講座。這個講座，有極光榮的歷史，爲著名的史學家如弗里曼（Freeman）、西萊（Seeley）、阿克頓先後所占領。而且阿克頓是以博學名震全歐洲的人；他死了，一旦劍橋大學選伯里繼任，自然是學術界一件很重要的事。伯里所受的學術榮譽不少；他是 British Academy 的會員，牛津（Oxford）、杜倫（Durham）、都柏林（Dublin）等大學的名譽文學博士，愛丁堡（Edinburgh）、格拉斯哥（Glasgow）、亞伯丁（Aberdeen）等大學的名譽法學博士。但是這種外來的榮譽，當然不能表現伯里本身的價值。他本身的價值，全在他精確浩瀚的著作裡。他的希臘史學，是當代少有的權威。他所著的"*A History of Greece to the Death of Alexander the Great*"，喬治・皮博迪・古奇（G. P. Gooch）認爲是最精當而能將範圍廣博的新材料，指揮如意的著作，爲喬治・格羅特（George Grote）以後，希臘史中重要而且有用的出品。① 伯里關於拜占庭（Byzantine）研究的著作，無處不是淵博學問的表現；這些著作，和他所校訂的吉朋（Edward Gibbon）《羅馬帝國衰亡史》（*The History of the Decline and Fall of the Roman Empire*）把他放在近代史學界中，最前的地位。②

他的著作極多，在此不能盡列，也不必盡列。現在只是把重要而成本的書籍，以年代的次序，列入以下簡約的表中。

所著的書籍：

"*A History of the Later Roman Empire from Arcadius to Irene,*" (1889).

"*Student's History of Roman Empire from Augustus to Marcus Aurelius*," (1893).

"*A History of Greece to the Death of Alexander the Great*," (1900).

"*The Science of History*" (Inaugural Lecture) (1903).

"*A Life of St. Patrick and His Place in History*," (1905).

"*The Ancient Greek Historians*" (Harvard Lectures) (1908).

"*The Constitution of the Late Roman Empire*" (Creighton Memorial Lecture) (1909).

"*The Imperial Administrative System in the Ninth Century*," (1911).

"*Romances of Chivalry On Greek Soil*" (Romanes Lectures) (1911) .

"*A History of the Roman Empire*" (from 802-867) (1912).

"*A History of Freedom of Thought*," (1913).

"*The Idea of Progress*," (1920).

"*A History of the Later Roman Empire*," (395-565) (2 vols., 1922).

---

① G. P. Gooch: "*History and Historians in the Nineteenth Century*,"p.484. Gooch 也是當代英國史學界最有學問的一個人。

② 前書，p.494。

所校訂的書籍：

Pindar's "*Nemean Odes*," (1890).

Pindar's "*Isthmian Odes*," (1892).

Freeman's "*History of Federal Governments in Greece and Italy*," (1893).

Gibbon's "*The History of the Decline and Fall of the Roman Empire*," (Vols. I and II, 1896; Vols. III and IV, 1897; Vols.V and VI, 1898; Vol. VII, 1900).

"*Byzantine Texts*," (4 Vols., 1898-1902).

Freeman's "*The Historical Geography of Europe*," (1903).

所計劃、編纂及參加之書籍：

"*The Cambridge Ancient History*" Edited by J. B. Bury S. A. Cook and F. E. Adcock (in Continuation).

"*The Cambridge Medieval History*," Planned by J. B. Bury, Editied by H. M. Gwatkin and J. P. Whitney (in Continuation).

"*The Cambridge Modern History*," Planned by Lord Acton, Contributed by Bury and Many Others.

目次

第一章　導言（思想自由及其反對方面勢力）

普遍都說思想是自由的。一個人只要不發表出來，他愛想什麼，就想什麼，沒有能夠阻擋他的。思想的動作，即有限制，也只是他個人經驗和想像力的不夠。但是這種暗地思想的天賦自由，是很少價值的。若是一個思想家不被允許把自己的思想與人交流，不但不能滿意，而且很痛苦，對於他的同類沒有利益，更不必說了。況且思想如果在人心中有任何勢力，而要使它被藏起來，是絕對困難的事。如果有人的思想動作，引起他對於左右同類的意見風俗發生疑問；使他否認和屏斥他們的信仰；使他見到比他們平常生活更好的途徑：如果他對於從自己理性得來的眞理而有深信，還要他默無聲息，辜負這種眞理，不表明其立異而不敢苟同的態度，是不可能的。自古以來有些人——如蘇格拉底①之流——即現在也還有這種人——情願就死，而不願意隱瞞自己的思想。所以思想自由如有任何價值，是將言論自由包括在內的。

當今在最文明的國家裡，言論自由彷彿是一件當然的事，最簡單不過的東西。我們怎般的習以爲常，以至於把它當作自然的權利。哪知道得著這種權利，不過是很近代之事；而得著的經過，至於流血成渠。費了幾世紀的功夫，才把那些最開明的人勸轉過來，使他們知道發表個人的意見，討論各種的問題，是好事不是壞事。人類的社會——也有幾個光榮的例外——自古以來常是反對思想自由；換句話說，就是反對新思想。這個道理，也很容易看出來。

普通的頭腦，有種天然的懶性，總是向著阻力最少的方面去。常人的思想境界，不過是一組信仰的結合，由他承受著而不會疑問，依附著而不願放鬆。他自然而然地反對任何東西，凡足以擾亂或推翻其秩序已定的慣常世界者。一個新思想進來，對於他已經抱著的一些信仰自不能相契，就發生他的全部思想重行安排的必要；況且這種重行安排的程序，很費經營，要花多少腦力。對於這種人和他滔滔皆是的從者，新的思想和懷疑已有信仰與制度的意見，自然總是禍祟，因爲他們不能承迎他們的意旨而且給他們以新的困難。

只是心理的懶惰，已經足以與新思想以厭惡了，何況加之以一種積極的恐懼心。守舊的本能凝成守舊的信條，以爲任何組織上的變更，都足以危及社會的基礎。只是到最近，大家才逐漸放棄那種信仰：就是以爲一國的福利，靠著嚴確保守那固有的積習和制度，不能絲毫變更的。在那種信仰所及的範圍以內，新奇的意見不但被人覺得危險而且覺得厭煩；如有任何人對於已經公認的原理，發生「爲什麼」或「何所根據」的那種不知趣的問題，簡直可以被當作「五瘟使者」看待了。

守舊的天性和由他而來的守舊主張，更得著迷信的助力。若是社會的組織——全部的

---

① 蘇格拉底（Socrates, 469-399B.C.）希臘哲學家，以問難方法，教人虛心推求眞理，不見容流俗而被陷於死刑。關於他的死和死時的主張，參著"Apology," "Crito," "Phaedo" 皆在 *Dialogues* of Plato（Jowett's translation）中。

風俗習慣和意見都算在裡面——與宗教的信仰發生密切的關係，而被認爲受上帝仁慈所蔭庇，那批評社會秩序已經帶大不敬的色彩，至於批評宗教信仰，簡直是對於超越自然的勢力，直接宣戰。

這些產生守舊精神以與新思想爲敵的心理動機，更得著一支補充的生力軍，以實行積極地反抗，這就是社會上特殊勢力的團結，如所謂社會階級「種姓」（Caste）②，教會僧侶階級等都是的。他們的權利，都要靠著固有的秩序和他們所藉以維繫人心的觀念去保持，自然他們積極反對思想自由。

且舉一個例，如有一個民族相信日蝕是一種象徵，上帝用以向他們表示禍福，給他們以有用消息的。若是其中有一個較聰明的人，發現了日蝕的眞正原因；他的同類一定不喜歡這種發現：第一，因爲同他們所有的他項觀念相衝突，不易調和。第二，這種發現要驚擾他們，因爲推翻他們已定的安排，信以爲對於他們的社會有非常利益的。第三，這種發現使他們恐怖，因爲衝犯他們的上帝。至於那些專以解釋上帝示徵爲職務的僧侶，因爲自己權力受危的原因，以至於驚惶失措、怒不可遏，那更不必說了。

這些動機在未有歷史的時候，活動最強，使有些社會全不進步，使能進步的社會也不能有迅速地改革。有史以來，這些動機多少總在活動，妨礙進步、阻滯思想。這樣的活動，即當現在不以權力干涉或禁止激烈言論出版的最進步的社會中，都還可以觀察出來。我們現在還遇著那種人，認新思想爲討厭，而且也許以爲危險。但是假設如果問到那些討厭社會主義

（socialism）的人，其中有幾個對於贊成或反對兩方的論點是曾經考察過，而不是以為社會主義擾動他們已經排定的心境，猛烈地批評他們所習慣的社會秩序，遂掉首不顧，厭惡滿懷的？更有多少不願意一睬對於改革現行不完備婚制之任何建議的人，是經過詳細思索，不是因為這個思想係違反那些與宗教規定混而為一的流俗成見？他們是否錯誤，且不詳細討論；即使他們錯了，可憐連他們自己的過失也不能算，因為他們的動作，還純粹是受支配於那些在初民社會中阻礙進步的同項動機之下。生長在自由之中，還有這種腦筋的人，與那日求新知而尤恨不足的人並存不滅，不能不使我們領會到以前專由他們主持公意的時候，思想是受何等嚴厲的桎梏，知識是受何等繁重的牽絆。

個人有發表意見的自由，可以不顧權威，不順他人成見，在今日雖成公認的原則，但是我想眞能根據理性為這個自由作戰，寧死而不肯降服的，實在也只是少數。我們很容易當作眞有這回事，以為言論自由是天賦而不能片刻假借的人權；並且常認為持這種理由，僅夠擋住反對方面的藉口。不過這種人權如何能夠成立，實在是不容易看見的事。

「天賦人權」是很難說的；若是一個人果眞有眞正的天賦人權，那保生和傳種兩項權利，當然就是的了。而人類的社會，又對於其分子享受這兩項權利的時候，加以限制。如將

---

② 種姓（Caste）係印度階級制度專名。

餓死的人，卻被禁止不准取他人的東西吃。各種法律和風俗，又限制人類亂婚。大家都公認社會當有權力去限制這種基本權利；因爲要不是這樣，有秩序的社會就不能存在。若是我們竟讓一步，承認發表意見的權利，也只同是天賦人權，那我們簡直不能有根據去反對社會限制思想自由爲不公，而主張他有免除一切干涉的特惠。因爲他種限制，還是人人可以受著的，而言論自由的限制，卻只是少數有激烈思想或不合流俗成見的人，才能受著的。但是這個讓步未免太大了。根據天賦人權之說，則個人與社會的關係，永遠難有適當地解決。幾乎沒有立論可以完全根據此說而不受搖動；所以我們對於思想自由的主張，僅有他項根據，不必借重到天賦人權之說。

在反對方面，那負統治社會責任的人，也能有理由認爲禁止危險思想的流行，正如防範任何危害社會的動作一般，是他們職守所繫，不能不辦的事。他們辯論的根據，以爲若是任人傳播危害社會的主張，其流毒所及，實在比偷鄰舍的馬，或和鄰舍的老婆通奸，還要厲害。他們對於國家的福利，負有責任；若是他們深信一種意見是危險的，足以搖動社會所根據之政治的、宗教的和道德的基本觀念，那就是他們的義務，去保護著社會以反對這種意見，正如反對他項危險一樣。

對於這種限制思想自由的辯難之眞正解答，看到後面，自能明瞭。總之這個道理，在最初並非明白顯著的。大概經過很長的時期，人類才得到這個結論，說壓制思想自由，自是一件錯誤。然而在現在的世界中，還只有一部分人被這個道理所折服。但據我判斷所及，這個結論，實在是自有人類以來最重要的收穫。自古以來權威（authority）與理性（reason）不斷的爭端，正是爲此——這就是本書的主題，「權威」這個名詞，需要一點解釋。

若是你問一個人怎樣知道一件事，他說是：「我根據好的權威」；或是說：「我從一本書裡看過」；或是說：「這不過是普通的知識」；或是說：「這是我從學校裡所學的」。其實任何以上那種回答，只是表現他得自他人的報告，信託他人的知識，而對於他人的話並不曾自己去求實證，或是自己去用思想。多少人大部分的知識和信仰都是這一類的，只是從他們的父母、教師、書籍和報紙上得來，卻並沒有經過一點實驗。有如英國的小孩子讀法文，凡動詞的變化、生字的意義，只要信賴他的教師和文法，便已了事。又如許多人看見地圖上註明一個繁庶的都市，名叫加爾各答（Calcutta）③，就承受權威，認爲當然的事實。至於相信歷史上有拿破崙（Napoleon Bonaparte）④或凱撒（Julius Caesar）⑤的存在，也是同樣。說到慣常的天文界事實，除了有特別研究的之外，一般自己以爲知道的，更逃不出這種情形。

---

③ 加爾各答（Calcutta），印度都城。

④ 拿破崙（Napoleon Bonaparte, 1769-1821）通常稱拿破崙皆指拿破崙第一。

⑤ 凱撒（Julius Caesar, 100-4 B. C.）。

若是我們對於事實，完全不承受他人的權威，那知識範圍，實在有限，這是很明瞭的。但是我們承受他人的權威，必定要有一個條件。就是凡我們能安然承受的事實，必定是要經得起演證（demonstration）或實驗（verification）的事實。以前我所舉的例，就可以經得起這個條件的試驗。讀法文的小孩子將來到法國去，或是能讀法文書籍，即足以證明他從前得自權威的知識是眞的。我天天接觸的事實，可以供給我許多證據；只要我不憚煩，也就可自己證明加爾各答是存在的。我雖不能以同樣的方法，去使自己相信拿破崙的存在，但是如果我有疑心，只須一經過簡單推理的手續，就可以見到許多事實，都與他不存在的觀念不相容。我對於地球和太陽間的距離爲九十三兆英里，沒有疑心，因爲所有天文家都公認這是曾經證明過的；他們的公認，並不要我盲目地承受；只是向我說道，這件事已經演證，若是你肯勞神去重行計算，那你也能得到同樣的結果。

但是人類思想裡面的鋪排，不能都和以上所說的一樣。一般人的思想中，不但所含不盡是可以證明的事實，並且有許多信仰同意見，僅從權威承受而來，並無證明的可能。如「三位一體」（Trinity）的信仰，只是從教會的權威承受而來，與加爾各答存在的相信，就不可相提並論。想超過權威求證明，是不可能的事。若是我們承受它，只是因爲我們對於這種權威，有種說不出的信仰，所以連他所說而不可證明的事，也一道相信。

這個區別像是很顯而易見，不值得一說。但是把它弄清楚來，是重要的一件事。初民社會裡的人從他的前輩能得山上有熊，並且有鬼。不久他看見山上有熊，把前半句話證實了，他雖然永不曾遇過鬼，——除非他不是通常的人類，不然他是不會看見的——卻也信鬼爲眞。這兩件事自有區別，不可混爲一談。不過他如果有任何辯論的能力，他的論點卻是：同族的前輩既然說對了山上有熊，那山上有鬼也一定是對的。在歐洲中古時代的人，因當時聽見宗教的權威說有一個城叫君士坦丁堡（Constantinople）⑥又聽說彗星是表顯上帝之怒，徵兆不祥；他就不分這兩件事在證據上性質的迥然不同，而一齊相信。我們至今還可以聽到這類的辯論，說是：「我們既然可以從權威方面，知道加爾各答是眞的，難道我們不能從權威方面，相信魔鬼也是眞的？」

自古以來的人總被命令，或是受期望、或是遭延請，去承受只是根據權威——如輿論教會、《聖經》等——而不曾證明並且不能證明的義理。大部分關於自然和人類的信仰，並不是從科學的觀察得來的，只是常常直接或間接地供那些宗教與社會的利益所驅使，因此，受著權力的保護，以抵抗那些習慣於用理性而不甘附和的人之批評。若是鄰居有人不信一件可以實證的事，倒沒有人過問。即使有一個懷疑家否認曾經有過拿破崙存在，或是水爲氫、氧二原子所構成，至多也不過引起他人的訕笑。若是他否認那不可證明的教義，如上帝同具人

---

⑥ 君士坦丁堡（Constantinople）爲土耳其（Ottoman Empire）在歐洲多年首都。歐戰後土耳其共和國成立，首都遷往 Angora。

形或靈魂不滅之說，卻是要遭嚴重的反對，有時連生命都不能保。我們中古時代的朋友們如果懷疑君士坦丁堡的存在，還不過被人喚作呆子；若是他膽敢懷疑彗星示象的重要，那就惹禍上身了。他若是瘋狂到這樣子，致使於否認耶路撒冷（Jerusalem）⑦的存在，那他所受的待遇，也絕不止於僅遭訕笑而已，因為耶路撒冷的名字，曾經見於《聖經》。

在中古時代大部分東西都為信仰所壓蓋，這都是權威硬加上去，勉強認為眞而不容理性所插足的。但是理性如欲誠於自身，即不能承認任何牽強的壓制，任何劃定的範圍。經驗的宇宙，就是理性的領土；因為在這宇宙中各部分都相關連，所以理性絕對不能承認有任何區域，不屬於他的管轄以內；他並且絕對不放棄他的職守，聽任何權威在他境內逗留，不將執照受檢驗而資格待審查的。

理性這種不肯遷就以為他對於思想的領土有絕對主權的主張，叫做「理性主義」（rationalism）。黏著這個名詞上的殘創剩血，尚足以反映出當年理性與八方勁敵苦戰的餘痕。理性主義這個名詞，常限於對待神學而用，乃是因為在神學範圍以內，反對理性的勢力，最能堅持，也最為橫暴。同樣的，「自由思想」（free thought）這個名詞，主張思想在本身之外不受制於任何外面的權威，也是確定地對神學而發。就自古以來兩方衝突的經過而言，權威常占優勢。無論在什麼時候，總只有少數人眞正注意到理性身上，而且還要等許久的時候，才有這少數的人出現。理性的武器，只是辯論。而權威則能用盡一切物質的和道德的暴行、法律的摧殘和社會的壓迫。有時候他還用武力以誅鋤異己，結果導致自己受傷。在權威的陣線中，最弱的一點，就是為它作戰的武士，也是人類，常不能不用著理性；用著理性的結果就是使他們內部分裂，給理性以絕好的機會。理性在敵人軍中動作，託了為敵人主張作戰之名，而自己預備下自己的勝利。

反對方面或許可以說是權威也有它自己本分的領土，其主張超越於人生經驗之外，所以雖不能實驗其為是，卻也同時不能否證其為不是。當然，我們僅可以造出許多命題來，不能受人否證，可以供那善信樂從的人去承受；但是如謂此時不能證明其為假使當全信其為眞：實在沒有人能堅持此說。縱或其中有可以相信的，但是除了理性，還有誰可以決定什麼是可以相信的？即使有人回答，說是權威可以；但是我們稍一回想，便知道以前有許多以權威為根據的信仰，至今已經最後的否證，再也沒有人去主張的。卻免不了還有人說，若是我們不能否證神學的主張，我們就沒有理由去否認它。他卻忘了證明的責任，不在否認的方面，而在作積極主張的方面。我記得有次談話中，不免對於地獄之說，有所嘲笑，於是有位虔信宗教的朋友意氣凌人地說道：「但是，它看去無論如何不通，你卻不能否證它。」循此以推，若是有人說繞著天狼星（Sirius）的一顆行星中，有一個驢族，能說英文，能費多少時間去談「優生學」（Eugenics），你也不能否證他的話；但是他為了不能否證的理由，就

⑦ 耶路撒冷（Jerusalem）在Syria，為猶太聖地。

能有要求你相信的權利嗎？經過多少次的重述，由於暗示的力量，這類的話或許也有人相信。此項三令五申的暗示力（這就是近代廣告方法的理論基礎），對於建設權威的意見和傳播宗教的信條，很盡大部分的職務。幸而敵能用的，理性也能用，這也是不幸中的大幸了。

這本書下面所論列，僅限於西方文明範圍以內。他自希臘講起，並設法表現這個運動主要的方面。對於這種繁複博大的問題，此書不過是一個導言；若要妥爲論列，那牽涉的不僅是宗教史、教會史、異端史、宗教殘殺史，而且還有哲學史、自然科學史和政治思想史。自十六世紀到法蘭西大革命這個期間，尤爲重要，因爲這個時代的重要史事，幾乎都與思想自由的戰爭相關。若是想把古代以降，所有阻礙或幫助理性解放之政治和社會的勢力之趨向與交錯，一齊計算起來，那雖盡畢生的力量，寫多少的書籍，尚恐不能完事。我們現在在這本書裡——即使比這本還大多少倍的書裡——所能做的，只是表示這個戰爭經過的大概；其所注重的幾個特殊方面，也只是著者平日恰巧經過研究的。

第二章　理性自由時代（希臘與羅馬）

若是有人要求我們列舉西洋文明對於希臘人所負的債項，當然先數到他們在文學藝術方面的成績。但是我們若舉到希臘人之所以使我們永遠銘感難忘，是因為他們乃最初發現思想自由與討論自由的人以對，恐怕較前項回答還要確切一點。因為這種精神的自由，不但是他們哲學的玄想、科學的進步、政治的實驗之條件，並且是他們文學與藝術所以能各臻美妙的條件。以文學為例，希臘的文學很難達到他們所達到的地步，若是他們不能對於生活作自由的批評。他們在人類活動的範圍以內實際上已臻完備的貢獻，不必說了。縱使或許有一小部分不曾登峰造極，也不足為他們盛德之累；因為他們對於自由原理的發揮，即能使他們成為加惠人類的最高恩主，這種發揮實為人類前進的最大踏步。

我們所知道希臘最早的歷史，還不足以解釋他們怎樣達到那種自由的眼光，去觀察世界，和怎樣他們能有這般意志與勇氣，使他們的批評與好奇心，不受任何限制。我們只能承認這種性情是件事實。我們不能忘記希臘由於各自獨立的民族，合組而成；雖然他們不無重要的共同之點，然性情習尚，各自懸殊。互相比較起來，其中保守的、退化的、笨拙的自不能免；只是這章所講的希臘人，不是就所有的希臘人而言，乃專就對於文明史最有貢獻的希臘人而言，特別是愛奧尼亞人（Ionian）與雅典人（Athenian）。

在小亞細亞的愛奧尼亞是自由的玄想發祥地。歐洲的科學史與哲學史都起於這個地方。當西元前六世紀至五世紀的時候，一班古代的哲學家在這個地方，用他們理性的力量，想去深探宇宙的原始與構成。他們雖然不能盡棄前有的觀念，卻開始了毀滅正宗思想和宗教信仰之工作。在這些先驅的思想家之中，色諾芬尼（Xenophanes）①可以特別提出來，（雖然他不是最重要的或是最能幹的），因爲他的思想尚能見容，就足以表現當時的人，是生活於怎樣一種的空氣裡面。色諾芬尼周遊各城，對於通俗的男神女神之信仰，從道德的基礎上加以問難；對於人神同像觀念，希臘人用以造成各種神的，加以訕笑。他說：「若是牛類也有人的才賦和人的兩手，他們也會將神造作牛形。」這種封於公認的神學之攻擊，無異對於共信的古代諸詩人之攻擊，——尤其是對於荷馬（Homer）②，因爲他是公認的神話上最高的權威。色諾芬尼嚴厲地批評荷馬，說他所述神的行爲，若是眞有人做了，尚且當認爲最可羞恥。我們卻並沒聽見當時有任何舉動，阻止色諾芬尼對於通俗信念的攻擊，而以毀滅荷馬爲

---

① 色諾芬尼（Xenophanes 於 540-500 B.C.間爲其最盛時代）希臘哲學家，又爲詩人。後代認爲哲學中 Eleatic School 之建設者。其遺著零散，有“*On Nature*”及“*Elegy*”多首。參看 Burnet: “*Early Greek Philosophy*,” 中有譯文。

② 荷馬（Homer）希臘詩人；近人考據，謂約在西元前八五〇年間人物。自古以來以爲“Iliad,”“Odyssey”兩大長詩，皆其所作。一七九五年德國沃爾夫（F. A. Wolf）才發生疑問，以爲二者皆係由相傳較短之長詩所合成，由雅典庇西特拉圖（Pisistratus）爲之連貫，其實並非出自一手。又有以爲詩雖係歷代所遺，而連貫之者爲荷馬。其餘學說甚多。淵博的爭論，至今未息。

不道。荷馬的權威雖高，大家卻永不認爲他的詩是上帝綸音。有人說荷馬是希臘人的《聖經》，是一點也沒錯的。希臘最幸運的，就是沒有《聖經》這件事，就是他們自由的表現，也是他們能得到自由的重要條件。荷馬的詩是世俗的，不是宗教的。更有可注意的，就是其中毫不諱忌不道德的與野蠻的行動；這點任何宗教經典，都不能及。荷馬詩的權威在當時固然很大，卻不強人遵奉，如他項宗教經典的權威。所以研究荷馬的批評，永不曾如以後研究基督教《聖經》的批評那般受障礙和限制。

在這個當兒，還有一點可注意的，就是希臘沒有後來宗教上的僧制：這也是自由的一種表現和條件。寺院裡的僧人，永遠不能成爲一種有勢力的階級，足以爲謀自己的利益而對社會橫使暴壓，足以有這般勢力去制止一切反對宗教信仰的言論。通常宗教的職務，操在地方政府手中；縱有宗教的望族，不乏勢力，但是所有僧人，實際上都是國家公僕。他們的意見，在專門的宗教儀式之外，一點也沒有他項影響。

現在還回到古代的哲學家上去。他們大都是唯物主義者（materialist）。關於他們玄想的紀錄，是理性主義史上很有趣的一章。兩個大人物可舉出來的就是赫拉克利特（Heraclitus）[3]與德謨克利特[4]，因爲他們用精闢嚴確的思想，訓導理性以新態度觀察宇宙，而搖動不曾經過思索常識觀念：在這方面的工作，恐怕他們較當時任何哲學家爲多。自古以來未有，只是由赫拉克利特開始才教我們，凡感覺所及的物質之不變性與永久性，都是靠不住的現象；世界本身和世界裡任何東西，無時不在變遷之中——這種學說，是何等的駭人聽聞。德謨克利特更有驚人之處，就是他創原子說以解釋宇宙。此說復興於十七世紀；從思想史方面看去，它與現代多數物理學上和化學上的物質說，都有關連。當時卻並沒有可笑不通的創世說，由宗教權威強制進行的，去阻礙和壓迫這些有力的思想家。

這些哲學的玄想，實爲一般教育學者，即大家稱爲「哲人」（Sophists）⑤之前趨。在西元前五世紀中葉以後，這班哲人出現。他們業無定所，不停地周遊希臘各部以訓練青年怎樣在民治國家從公服務，教他們如何運用理性。因爲他們是教育家所以對人生實際的目的，常常在念。他們從物質的宇宙問題，轉到實際的人生問題，如道德及政治。所以他們不能不論到如何辨別眞僞；其中最能幹的並且更進而研究知識的本質，理性的方法（就是邏輯

---

③ 赫拉克利特（Heraclitus，約生於西元前五〇〇年）希臘哲學家，主變，以火爲一切物質之本相。其遺著參看 Burnet: "*Early Greek Philosophy*"。

④ 德謨克利特（Democritus，約生於西元前四六〇年，死於三五七年）希臘哲學家，爲創古代原子說者。關於其學說討論較詳之著作，可參看 Gomperz: "*Greek Thinkers*," Vol. I.。

⑤ 「哲人」（Sophists）爲當年希臘一種周遊立說之學者，以授人辯術等學自給。如普羅塔哥拉斯（Protagoras）等著名哲學家皆當年哲人。中文昔譯作「詭辯家」，不當。關於哲人之描寫，最有趣的，爲 *Dialogues* of Plato 中之 "Sophist," "Protagoras" 二篇。

〔logic〕）和理性的工具（就是修辭）。不論他們各種的學說怎樣，他們一般的精神，總在自由討論和自由研究。他們推求一切的事，都不外乎理性。西元前第五世紀的後半，眞可以稱爲燦爛時期（Age of Illumination）。

我們可以注意，希臘人的外國知識，對於他們懷疑權威的態度，大有影響。若是一個人只習慣於本國的習尚，他總以爲那是當然的、天賦的；但是如果旅行他國，找出那邊的習尚與道德標準，竟可完全不同，他就能開始了解他所習慣的習尚，勢力何等深厚，所謂道德宗教，只不過是因地而異的東西。這樣的發現，趨於減損權威的勢力和生出不安的反想。有如一個從基督教的環境裡長大的人，一旦了解若是他生於印度的恆河（Ganges）或亞細亞西部的幼發拉底河（Euphrates）河流一帶，那他所堅持的，也會是另外一組完全不同的信條：他心中會起何種感覺？

當然這種智慧自由的運動，無論在什麼時代，都只限於少數人。無論在什麼地方，多數人都是很迷信的。他們相信城池的安全，靠著神的好意。如果這種迷信的精神，起了恐怖，那任何哲學的玄想，常不免受禁壓而受懲治。此類情形，在雅典尚不能免。當西元前第五世紀的中葉，雅典不但是希臘最強盛的國家，而且關於文學藝術是地位最高的國家。他是最完備的民治國。政治討論是完全自由的。當這時候，政治家伯里克里斯（Pericles）[6]當國，他自己是一個自由思想者，他對於當時離經叛道的玄想也有關係。他和自愛奧尼亞來雅典講學的哲學家阿那克薩哥拉（Anaxagoras）[7]尤其是很親密的。對於希臘通常相信的神，阿那克薩哥拉是絕對不信的。伯里克里斯的政敵，乃藉他朋友的原因，來攻擊他。他們在議會提出而且通過一條懲罰不敬神祇的法律，使不相信的，和教人以天文的宇宙說的人，都受懲罰。要說阿那克薩哥拉是一個侮蔑神祇者，當然是很容易證明的事。他所教的就是，神不過是些抽象的概念，而雅典人朝夕祈禱的太陽只是一個火體的物質。因爲伯里克里斯的影響，阿那克薩哥拉未坐死罪；都是受了重大的罰金，從雅典逃往蘭普薩庫斯（Lampsacus）。在那裡他卻仍受到很好的待遇和推崇。

還有幾件事，也表現當時反對宗教的思想，不免要受摧殘。普羅塔哥拉斯⑧是最大的哲人之一；他出一本書，叫做《論神》。目的在證明神是不可以理性知道的。這本書的開頭就說：「講到神，我不能說祂們存在，也不能說祂們不存在。我們所以不能知道的原因很多。這個題目的本身就不明瞭，而人的生命又短。」當然也有人以侮神的罪來加在他身

⑥ 伯里克里斯（Pericles, 495?-429 B.C.）雅典大政治家。在他的統治下，是雅典民治極盛的時代。

⑦ 阿那克薩哥拉（Anaxagoras, 500-428 B.C.）希臘哲學家，以爲最高的智慧，是一切東西的因。在雅典爲政治家伯里克里斯及文學家歐里庇得斯（Euripides）良友。他的這件受陷公案，見於四五〇年。

⑧ 普羅塔哥拉斯（Protagoras, 480?-411? B. C.）希臘哲學家，哲人領袖。說是自名哲人，由他而始。他主張人是一切東西的標準。他爲 Pythodorus 所告發事，見四一一年。

上，於是他逃出雅典。但是當時卻並沒有系統的政策，去壓制自由思想。普羅塔哥拉斯的書雖然被焚，而阿那克薩哥拉因以獲罪的書，卻還在雅典的書莊裡廉價地出售。理性的思想，居然見於戲臺上，雖然這齣戲是當祭戴歐尼修斯（Dionysus）[9]神的宗教大典時演的。這位寫戲的詩人歐里庇得斯（Euripides）[10]充滿了近代的玄想；他戲曲中之趨勢，雖然後來評論的人各有意見不同，但是很違反通常宗教觀念的思想，常常從劇中人物嘴裡吐露。他也以不敬的原因，被一個時髦政客控告。我們可以想見當西元前第五世紀的最後三十年間，所謂離經叛道的觀念，在知識階級中是很普遍的。很有一大部分有勢力的理性主義者（rationalist），能使任何有組織對於自由的壓制，不得實現；褻瀆法主要的壞處，只是為個人的或政黨的目的所借用。有些懲戒案，據我們所知道的，的確出自這種動機，雖然有些是出自眞正的盲信，或是出自害怕這種懷疑的思想傳播到知識階級或富貴閒人的階級以外去。當年希臘人及以後的羅馬人，都抱有一種主張，以為對於一般平民，宗教是良好而且必要的東西。縱然不信宗教具有眞理的人，卻也信把宗教當一種政治的制度，很有用的。就是當時一班哲學家，也並不想對於群眾散布帶革命性的眞理。許多人並不相信宗教規定的儀式，而表面上仍然順從，幾乎成了風尚；這種風尚在當年的流行恐怕還甚於今日。高等教育的普及，在希臘的政治家或思想家的政綱上是不成一條的，為他們辯護的，或者也可說是在當年的情形之下，這種辦法不能實行。

卻有一位出類拔萃的雅典人，不是這樣想。這就是哲學家蘇格拉底。蘇格拉底是教育學家中最大的人物。他雖然很窮，卻不同其他的哲人那樣收教育費的。他教授起來，總取討論的形式；討論到最後，常不得確定的結論，只是留下一種效力在人心中，使他知道許多公認的意見是非理性所能迴護，並且眞理是很難決定的問題。他自己對於知識和德性自然有確定的見解，而且這些見解在哲學史上有極重要的地位；但是從本書所研究的方面看，激動討論與批評的熱烈興趣，乃是他眞正的重要。他在談話之中——只要有人聽他，他總是一律看待，肯和人談的——就教人把一切通常的信念，經過理性裁判；教人討論任何問題，不要先存成見；教人下任何判斷的時候，不要受權威的命令，或依多數的意見爲依從或違背。總而言之，教人把大多數所自以爲是的，不要以爲就是眞理，而當另外去求試驗。許多從他教出來的青年，都是下一代的領袖哲學家，或是在雅典史上有重大地位的人物。

---

⑨ 戴歐尼修斯（Dionysus）爲年輕漂亮的酒神。即希臘羅馬所稱的 Bacchus。爲宙斯（Zeus）及塞墨勒（Semele）之子。以後漸成重要的神祇；並視爲立法，愛和平、司悲的藝術以及保障越劇之神。

⑩ 歐里庇得斯（Euripides, 480-406 B.C.）希臘悲劇家。當時在文學上占極重要的地位。他在思想上是一個理性主義者。他的戲曲，在近代最好的翻譯，是 Gilbert Murray's Translation。

若是雅典而有現在的日報，「危險人物」的這個名詞，恐怕一般新聞記者不免加在蘇格拉底身上了。雅典當年卻也有一種滑稽劇，常常以嘲笑哲學家和哲人，以及他們好高騖遠的學說爲事。現在還留下一劇（名叫《雲》〔*The Clouds*〕是亞里斯多芬〔Aristophanes〕所著的）[11]，把蘇格拉底糟蹋成一個不虔信而善破壞的玄想之代表。除了這類的小麻煩之外，蘇氏直到老年，仍然是循循善誘教他的國人，不曾遇到什麼災害。等到七十歲了，他才以不信神祇，陷害青年的罪名被控，判決死刑（時西元前三九九年）。可怪的是如雅典人如果以蘇氏爲危險人物，卻爲什麼經過了許多年毫不過問？從這裡推去，我想很少有疑義的，蘇氏的被害，是由於對方政治的動機。[12]以蘇氏那樣的態度觀察事實，是不能同情於無限制的民族，且不能稱許愚眾當權是良好的主張。恐怕他對於當時那些主張限制投票權的人，卻表同情。但是當政爭激烈，憲法不只被推翻一次，而民治終能得意戰勝以後（時西元前四〇三年），大家正要尋從前不贊助不效忠於他們的人開刀，於是蘇格拉底適逢其會，被他們挑出來做了犧牲。然而蘇格拉底如果自己願意，最後還能脫難。只要他願意作一種暗地地了解，說以後不教人了，他幾乎一定可以宣告無罪的。就是像他這樣不遷就到底，審判他的五百零一個雅典公民中，還有不少的少數，投票主張宣告無罪。在最後投票的時候，若是他的腔調略變，還不至於處決死刑。

當這重大的時機，他挺身而起，以驚世絕俗的演說，主張討論自由。他最聰明的學生哲學家柏拉圖（Plato）[13]追敘的〈蘇格拉底的申辯〉（Apology of Socrates）一篇，足以表現他自己辯護的聲調。他對於不信雅典所奉神祇的一重罪狀之辯護，不能使對方滿意是很明顯的；他在這方面的解釋，也是他全篇演說詞中較薄弱的一部分。但是關於毒害青年思想的一重罪狀之答覆，是最神采煥發，爲討論自由請命的文章。這是〈蘇格拉底的申辯〉中最可寶貴的部分；傳到今日，還是奕奕動人。我以爲他主要的兩點，就在這裡：

（一）他主張無論在何種代價之下，個人不當向任何權威或法庭所屈服，去對於他自己心裡斷定是錯誤的讓步。他說這就是個人良心的無上權威，超過於一切人定的法律以上。他表現他自己的生命事業，好像是一種宗教事業；深信置自己的生命於哲學討論，是順從神明的啓發；情願被人處死，而不願不誠於自己的深信。他說：「若是你教我以放棄眞理探求作宣告無罪的條件，我的回答是：雅典人呵，我謹謝你。我相信使我擔任這種艱鉅，是上帝的命令而不是你們的命令。假設我一息尚存，我永遠不能離開哲學。我仍然繼續問我遇見的任

---

⑪ 亞里斯多芬（Aristophanes, 444?-380? B. C.）希臘詩人，以詼諧勝。他攻擊當時哲人的教育觀念；在《雲》的一劇中，以蘇格拉底爲哲人代表。

⑫ 在最近版的“*Encyclopaedia Britannica*”中 Jackson 教授的“Socrates”一文，說得很清楚。——原注

⑬ 柏拉圖（Plato, 429-348 B. C.）希臘哲學家，爲蘇格拉底最著名之弟子，也是西洋哲學最重要的建設者。他的 *Dialogues* 最好的譯本，爲 Jowett's Translation, 3rd ed., Oxford Press。

何人說：『你一心在名利上而不問智慧和眞理，以改善你的靈魂，難道不知自愧嗎？』我不知道死是什麼東西——或許死還是好的；我何所怕。我卻知道放棄自己的責任是壞的，所以我情願就不可知的好而不就確定知道了的壞。」

（二）他堅持自由的討論，有公共的價值。「你們有一個富刺激性的批評者，託身於我不停地以勸以誡來折服你們，不停地對於你們的意見加以審查，不停地告訴你們那些你們自以爲知的，實在只是由於你們的愚妄。天天討論各種的事，你們聽我討論過的，就是人類最高的善。不曾經過這種討論審查的生命，是不值得活的。」

從這件可以說是最早主持思想自由的事件，我們可以爲思想自由應當存在的兩種理由，得著一重肯定：（一）個人良心的權利，是絕對不可剝奪的，——後來多少關於思想自由的戰爭，都是根據這種權利；（二）自由的討論與批評，有重要的社會價值。第一項只是根據直覺而來，不是根據什麼辯論；它是建設在一種假定之上，以爲這是一種超凡入聖的道德原理。若是他人的經驗與蘇格拉底不同，否認這種根本假定，則蘇氏理由，對他也可不生效力。唯第二項則二千餘年的人類經驗，步步爲他證明，至今可成一條概括的公例；其影響的重要，並非蘇氏當年所能夢見。

審判蘇格拉底的情形，可以表現寬容與不能寬容兩種素質，都流行於雅典。他多年從事教育並不遭禍他最後係因政治的或個人感情的原因而被害，以及他受裁判的時候還得一個很不少的少數之援助：這些情形，都足以表現在常態之下，思想在雅典還是自由的；而群眾的不能寬容，只是一種變態的心理作用，或是爲了他項目的。同這相似，可以舉出來說的，就是七十年以後，哲學家亞里斯多德（Aristotle）[14]也坐了侮神罪，逃出雅典；實際的情形，只是因爲他攻擊了政黨裡的一個人，而彼方託詞報怨。就全體而論，希臘當年對於思想自由，縱有壓制，但是有組織地壓制，從來都存在著。

緣是奇怪，去找希臘裁制思想自由的精神，還免不了要尋到哲學家隊裡。柏拉圖是蘇格拉底最聰明的弟子，在晚年想造成一種理想的國家。在這理想的國家中，他假設一種與流俗頗不相同的宗教；主張所有的公民，都須相信，否則不是處死，便是監禁。在他所想像的銅牆鐵壁制度之下，一切討論的自由，都是沒有的。但是他的態度，與一般卻有不同；宗教是否有眞理，他並不問；他所問的只是某種宗教是否有道德上的用處。他爲想增進道德，故不惜把神話來作莊嚴化。他反對通俗的神話，也並不因爲他是假的，只因爲他不是爲公道正義而設的。

在雅典討論自由的結果，產生了一串的哲學家，而以蘇格拉底的談話爲共同起源。柏拉

---

⑭ 亞里斯多德（Aristotle, 384-322 B.C.）希臘哲學家，爲柏拉圖大弟子。但是另開學派，兩千年來，不停地與柏拉圖派爭壁壘。其重要著作之翻譯及編訂者，以 Welldon 及 Rose 本最佳。

圖、亞里斯多德、斯多噶派學者（Stoics）⑮、快樂主義派學者（Epicureans）⑯與懷疑主義派學者（Sceptics）⑰都是的。這些名字所代表的思想努力，在人類進步上的影響，恐怕除近代科學發生後的新自由時期外，沒有一種其他繼續不斷的知識運動，可以比得上的。

所有快樂主義派、斯多噶派及懷疑主義派的學說，都志在為個人的靈魂求和平與輔導。自西元前第三世紀以後，它們瀰漫於全希臘；我們可以說此後大多數受良好教育的希臘人，都多少是理性主義者。建設快樂主義學派的伊比鳩魯（Epicurus）之學說，顯然地有反對宗教的趨勢。他認為恐怖是宗教根本的動機，他的學說主要的目的就是免除人類心中這種恐怖。他是一個唯物主義者，用德謨克利特的原子說去解釋宇宙，而否認宇宙有任何神治⑱他也承認有神，但是關於人事方面，他的神祇等沒有——祂們只不過在遠處他方，安享祂們「神聖永久的安閑幸福」，祂們不過是快樂主義的理想生活榜樣。

這種哲學裡，總有點東西有這力量，足以興發一個詩人運用獨具的天才，藉詩歌把他來發表。西元前一世紀羅馬的盧克萊修（Lucretius）⑲認為伊比鳩魯為人類的大救主，決定把他哲學的福音，用《物性論》（*On the Nature of Things*）那首偉大的長詩，宣布出來。⑳帶著宗教家的熱忱，他卻否認宗教，並盡其反對、糟蹋、鄙夷之能事，以熱烈的字句，數出宗教陷人的罪惡。他揚長而前，做後來一群無神論者之領袖，稱兵去犯天國的金湯。他把科學的辯論，說得彷彿是一個新世界的啓發；可奇怪的是他的主張在絕對的安閑自在，而他的熱忱卻非常地劍拔弩張。雖然這種思想的工作，早為希臘的哲學家所形成，而此篇拉丁的長詩，不過是從遍地神屍上踏過時所唱的凱歌，但是在自由思想的文學中，像這種勇敢革命的精神，從這種懇摯無倫的態度裡表現出來，實在當得起一個卓然顯著的位置。在理性主義史中若這種文學發生於正宗教義正盛的時代，則其所引起的興趣，恐怕更要大些。可惜當盧克

---

⑮ 斯多噶派（Stoics）爲芝諾（Zeno，約生於340 B. C.）所建設，繼起者爲克里特斯（Cleanthes）、克律西波斯（Chrysippus）。以玄學的基礎，建設倫理的系統。重理性而輕感覺，其行爲趨於刻苦。

⑯ 快樂主義派（Epicureans）爲伊比鳩魯（Epicurus, 341?-270 B. C.）所建設。其發源還在德謨克利特（Democritus）的原子說。重感覺而以發展快樂生命爲歸。

⑰ 懷疑主義派（Sceptics）爲皮浪（Pyrrho of Elis，約365-275 B.C.）所建設。以爲知識既不出感覺範圍，則判斷眞僞絕無客觀標準，遂認爲不下判斷是理想的辦法。

⑱ 他指出神學中關於解說惡的由來之困難，其詞曰：「現在只有這幾種可能，要不就是上帝想去惡而不能，要不就是上帝能而不願，要不就是上帝既不能又不願，要不就是上帝又能又願。若是上帝夠得上做上帝的資格，前三項是萬無此理的；所以我們只能想第四項是眞的，但是既然上帝又能又願，爲什麼世間還有惡存在呢？所以推論下去，就是沒有統治宇宙的上帝。——原注

⑲ 盧克萊修（Lucretius，約97-53 B.C.）羅馬詩人，其《物性論》一長詩，拉丁原名爲"*De rerum natura*"。發揮德謨克利特（Democritus）原子說派的唯物哲學極精澈。

⑳ 對於此詩的領會，最好的，可參看 R. T. Tyrrell's: "Lecture on Latin Poetry"——原注

萊修時代有教育的羅馬人，對於宗教問題，已經是抱懷疑態度的，其中有些早爲伊比鳩魯學派的信徒；所以我們疑心當年許多人讀到這首詩的時候，能被他震動，能受這位反宗教武士的勇氣之充分影響。

斯多噶派哲學對於自由的主張，有重要貢獻；假設當年在討論不自由的空氣中，恐怕這種哲學很難充量發揮。他主張個人有權利去反抗公共的權威。蘇格拉底曾經見到法律也許會不公，民眾也許會錯誤，但是他並不曾對於這點找出什麼原理來，做社會墮入這種危險時候的匡翼。斯多噶派卻在先於一切人民習慣及成文法律，而且高出於他們的自然律中，找出這個原理。把他傳播出於斯多噶派的範圍以外，遍及羅馬的統治地，並且影響羅馬的立法。

這些哲學，帶了我們從希臘轉入羅馬。當後期的羅馬共和國及早年的羅馬帝國之時，言論自由，是毫無限制的；那些首先注重個人的哲學，傳佈甚廣。許多領袖人物，並不相信正式的國教；不過他們認爲使無教育的民眾安守秩序，宗教還是有用處的。一位希臘史家居然極贊成羅馬爲民眾利益而培養迷信的政策。西塞羅（Cicero）[21]的態度，就是如此。不認爲宗教爲眞，卻認爲是一種不可少的社會工具：這種見解，在古代不信宗教者中，是普遍的。到現在表現的方法從不一樣，這種情形卻還是普遍的。至少爲宗教辯護的人，常常不以宗教的眞理而以宗教的功用爲理由。這種辯護，正可歸入馬基維利（Machiavelli）[22]的政治權謀。他就是主張宗教對於政府是不可少的，縱然當國的人信宗教爲假，但是維持假的，還是他的責任。

現在我們應當說到琉善（Lucian，西元後第二世紀）[23]。他是最後希臘的文人，其著作是人人愛看的。他以坦白不諱地嘲笑，攻擊通俗的神話。究竟他的諷刺，在當時是否僅足供一班有教育的不信宗教者看了娛樂，或是除此以外還有影響，現在很難說定。但是他的《悲劇中之宙斯》（*Zeus in a Tragedy Part*），卻很動人。在這幕戲裡，琉善所設情境，宛如一位近代的著作家，毫無敬意地把「三位一體」中之人物，描寫得在一個天國的休息室裡，和一群天使與大聖談天，正討論到英國不信教的現象日增月進的時候，乃取電話機遙聽倫敦演說臺上自由思想家和牧師的辯論。神人同像說之愚妄，雖曾受人嘲笑暴露，但是永不曾遇著比琉善更妙的機鋒。

羅馬大概的政策，凡在帝國以內各種的宗教和意見，一概寬容。侮神並不受罰。這個主張，可以用提庇留皇帝（Emperor Tiberius）[24]的格言表現出來，就是：「若是神受了侮

---

[21] 西塞羅（Cicero, 106-43 B. C.）羅馬演說家及政治家。其演說爲重要拉丁文字。

[22] 馬基維利（Machiavelli, 1469-1527）義大利政治家及外交家。其 "*The Prince*" 及 "*History of Florence*" 二書對於政治學說及實際政治的影響極大。"Cambridge, Modern History" Vol. I 中論馬氏一章極佳，可參看。

[23] 琉善（Lucian）希臘文學家，爲西元後第二世紀最大哲人。其重要著作爲 "*Dialogues*"，以深刻的諷刺著。

[24] 提庇留（Emperor Tiberius）爲西元後十四至三十九年羅馬皇帝。

辱，聽祂們自己去處理吧！」對於基督教的待遇，可以算是當年寬容政策的例外。並且對於這種東方宗教的待遇，可以說是開歐洲的宗教殘迫之始。爲什麼這些很能幹，通人情而毫不狂惑的羅馬皇帝，要取這種例外的政策，是我們很有興趣想知道的。

羅馬人聽說有信基督教的人，而以爲他們是屬猶太教中的一部分，爲時已久。因爲猶太教是排外而不能寬容的宗教，所以能寬容的非猶太教徒，對著他常不高興而懷疑忌。然而縱使猶太教有時與羅馬當道衝突，惹起後者對於前者不必有的攻擊，羅馬皇帝的一貫政策，還是聽其自然，並且保護猶太教徒自己因主張愚妄而引起的怨恨。以後猶太教受著包含久了，勢力不限於本來的教族，並有蔓延的現象，於是成了一個新的政治問題。在當局方面，看見這種取攻勢以反對其他各種相安無事的宗教之宗教，日益推廣，而且爲其信徒博得人類公敵之名譽，自然不能無動於衷。想到假設這種宗教傳到以色列人（Israelites）以外，最後難道不危及帝國的本身嗎？因爲這種宗教的精神，是與羅馬社會的基礎和習尙，絕不相容的。圖密善皇帝（Emperor Domitian）㉕看這個問題，好似就是帶此種眼光；所以他用很嚴厲的手段，阻止羅馬公民去信從。他根本反對的是猶太教，但有時不免牽連到基督教；或許他對於二者不甚辨別；即使他能辨別在他眼中也都是一丘之貉，無足上下的。對於羅馬社會之懷敵意而不能寬容，基督教與其本源所出的猶太教，實多相似；所不相似的，只是後者所得的信徒少，前者所得的信徒多而已。

在圖拉眞皇帝（Emperor Trajan）㉖統治下，作基督教徒當處死刑的主張，已經成立。

自此以後，基督教成爲非法的宗教。但是在實際上這種法律，並不曾綜覈名實地嚴確執行。那些皇帝的意思，還以爲如果可能，最好以不流血的手段將基督教剷除。圖拉眞定下例來，不准去搜求基督教徒，不受理匿名告發信件，並且即有親自告發而不能證實的，還要以誣告治罪。基督教徒自己也知道這個詔令實際上是保護他們的。在第二世紀的時候，有過幾次因宗教治罪的案子，——其實沒有幾個是，經確切考定的——但是當時的基督教徒，卻有意召禍，以博得殉教者的名義爲榮。現在還有證據使我們知道，基督教徒被捕以後，往往被授意逃走。大體上來說，當時殘害基督教徒的事，常不起自當局，而起自民眾的公憤。一般民眾對於這個東方神祕的宗教，有種恐怖，以爲他們懷恨一切的神祇，而禱告世界毀滅。遇著洪水、飢饉，尤其是火災的時候，則大家都歸罪於基督教徒的巫術。

有人被告發爲基督教徒時，試驗其告發爲眞抑僞的法子，就是令被告人向羅馬人所奉的群神前進香，或是向羅馬人尊爲神聖的皇帝造像前頂禮。只要他一肯照辦，就立可開脫。基督教徒反對拜皇帝，——當時只有基督教徒和猶太教徒是反對的——從羅馬人眼光看去，正是表現他們宗教的危險，是最可厭惡的地方。羅馬人拜皇帝的目的不過因爲羅馬帝國包含各

㉕ 圖密善（Emperor Domitian）爲西元後八十一至九十六年羅馬皇帝。

㉖ 圖拉眞（Emperor Trajan）爲西元後九十八至一一七年羅馬皇帝。

種信仰不同，崇拜不同的民族，欲藉對於皇帝的頂禮，爲國家統一凝固的象徵。這種用意是政治的，只爲增進帝國自身的團結與人民對於帝國的效忠而設。所以遇著反對這種崇拜的事發現，大家疑爲不忠，是不足爲異的。然而當時並沒有強迫任何人參與這種膜拜。若是不服國家的兵役或任國家的官吏，則僅可不受這種拘束。結果只不過弄到基督教徒不服兵役，不任官吏。

當著這個第二世紀的時候，發現許多基督教的辯詞（Apologies）；若是被皇帝看到（有些是直接對皇帝說話的），眞可使他更信基督教是一種政治的危險。在這些書的字裡行間，很容易察覺出來若是基督教徒當權，國家的他項宗教和典章，將爲摧殘淨盡。當時他提安（Tatian）[27]有部著作，叫《致希臘人書》（*Discourse to the Greeks*），表現得很明白；那班主持基督教義的人，對於其所託生的文明，雖不很明言，卻是懷恨刺骨。任何讀這個時候基督教書籍的人，沒有會看不出的，若在基督教徒當權的國家中，他項宗教是不能遭寬容的。[28]所以縱使當時的皇帝以待遇基督教的政策爲其全部寬容政策之例外，他們的目的，還在保全寬容。

到第三世紀，關於基督教的禁例雖然還沒有開，但是他已受著很公開地寬容；教堂的組織，用不著隱瞞；教務會議也不遭干涉。雖有幾次爲時簡短，而且僅限於地方的禁壓，然重大的宗教摧殘只有一次（於二五〇年始於德西烏斯皇帝〔Emperor Traianus Decius〕[29]，繼於瓦勒良皇帝〔Emperor Valerian〕[30]。）事實上這全個世紀之中，並沒有多少受犧牲的人，不問以後基督教徒揑造了整個殉教的神話。他們杜撰了許多殘忍的故事，強附在這個時代中的皇帝身上，其實我們知道處於這些皇帝統治下，教會再享和平的幸福也沒有了。

一個長期的內亂，使羅馬帝國幾致傾覆，居然被戴克里先皇帝（Emperor Diocletian）㉛終告結束。他以積極的行政改革，使羅馬主權的統一，延長百年。他想藉恢復當年羅馬的精神，助他政治一統的事業；他更設法爲羅馬國教，灌輸一點新生命。爲了這個目的，他才決定禁止基督教徒日漸增加的勢力。他們雖屬全體人民的少數，爲數卻並不少。戴克里先組織了一個宗教的摧殘，爲時甚長，流血很多。這是一個全部的、有系統的、專心致志的努力，以剷除被禁的宗教；但是一個失敗，因爲當時基督教徒已經太多了，有除不勝除之

㉗ 他提安（Tatian）約生於一三〇年。爲當時重要 Apologists 之一。當時 Apologists 大都以理性（Logos）爲萬有之本，發於上帝，而與上帝相連；託體爲人，則係耶穌基督。

㉘ 關於這些爲基督教護教士（Apologists）的證據，可參看 A. Bouché-Leclercq 所著的 *"Religious Intolerance and Politics"*（法文原文於一九一一年出版）。是這全個問題最有價值的評論。——原注

㉙ 德西烏斯（Emperor Traianus Decius）爲二四九至二五一年羅馬皇帝。

㉚ 瓦勒良（Emperor Valerian）爲二五三至二六〇年羅馬皇帝，爲波斯人計虜囚死。

㉛ 戴克里先（Emperor Diocletian）爲二八四至三〇五年羅馬皇帝。

勢。戴克里先失位以後，繼起的東西羅馬皇帝，不能同意他的政策，不認爲有效，於是以幾個表示寬容的詔令（三一一年與三一三年），取消殘殺的舉動。這幾種文件，在宗教自由史上，是很有關係的。[32]

第一個是在東部各省頒行的，其文如下：

「昔誤入迷途的基督教徒，不認其乃祖乃宗所制定的宗教與儀式，妄蔑其前代典型，擅創不須有的法規和意見，在帝國各省擅結各種會社，故國家頗欲加以改革，俾可還諸自然與理性的軌物。不意使彼等崇奉諸神的詔令，竟陷許多基督教徒於危險和愁困之中，許多致死，許多仍至死不變其不敬的愚妄，致任何宗教的公共典禮均不得參與。國家今將此等不幸的愁苦之人，按照常例，加以赦免。特許彼等自由的各保持其自己的主張，集會不須恐怖，不受干涉，只要彼等對於現有的法律和政府，加以相當地尊重。」[33]

第二個詔令是君士坦丁皇帝（Emperor Constantine）[34]頒發的，以「米蘭敕令」（Edict of Milan）得名，與前詔目的相同；稱皇帝關心臣民的和平與幸福，而上慰天意，遂作此種寬容。

當年羅馬政府與基督教徒的關係，引起一般宗教殘殺與良心自由的問題。一個有國教的國家，對於各種宗教的儀式與信仰向來都一視同仁的；至今發現了其中有一種組織，除自己之外對於其他所有的宗教，積極仇視，設令當權，則異己者將盡受其摧殘。這個政府乃爲自衛起見，決定禁阻這些危及國家基礎的思想傳佈，而認公然敢持這項信仰者爲犯罪。國家所以出此不是爲了他們信條的本身是否有當，乃是爲此項信條所發生的效果，有社會的影響。但是那種結社裡的分子，如果欲放棄他們自以爲是，不容外物的主張，則不能不違背自己的良心而增宗教的罪戾。於是他們乃作良心自由之說，以爲良心自由是在一切對於國家義務之上的。他們把這種新的要求加於國家，而國家不能承認，於是結果遂歸於禁壓殘害之一途。

只是經過多少時代歷史的教訓，即從最頑固忠誠的非基督教徒眼光看去，殘害基督教徒的舉動，是不能辯護的。因爲這些所流的血，竟毫無用處。換句話說，這件事所以大錯，正是因爲它沒有效果。宗教殘殺是兩害擇一的結果。這個兩害就是：還是任危險思想的傳佈，還是取暴烈舉動以謀禁阻（任何不能爲宗教殘殺辯護的人，苟通情理，萬萬不能否認暴烈舉動的本身，就是一件壞事）。因爲認爲前者比後者更要壞，所以取後者以避前者，但

㉜ 三一一年寬容詔爲伽列里烏斯（Galerius）所頒；三一三年寬容詔即指「米蘭敕令」（Edict of Milan），即君士坦丁與黎西紐斯兩皇帝於三一二年年終在米蘭（Milan）會議的結果，於三一三年照名頒發。但是主動的還是君士坦丁。

㉝ 此處照吉朋（Gibbon）譯文。——原注

㉞ 君士坦丁（Emperor Constantine）即所稱君士坦丁大帝，爲三〇六至三三七年羅馬皇帝。

是如果實行殘殺的結果，竟不能達到所預期的目的，豈不是想去一害而反得兩害：主持的人是萬萬無詞自解的。從這點觀察，當年羅馬的皇帝，認為基督教為危險的與反社會的，未始沒有很好的理由；但是他們所取的政策，要就完全聽其自然，要就早取有系統的手段，把他完全剷除。若是在最初的時候，他們能以雷厲風行的手段，有條有理地作宗教審訊，則基督教竟被完全剷除，亦未可知。成敗且不問，這種舉動，至少還有一點政治家的態度。乃他們最初並沒有取極端政策的心思，而又不能了解他們所應付是一種什麼問題（因為他們沒有過去的經驗，可以領導他們）。他們希望以恐嚇的手段，可以濟事。他們的壓制手腕，又是舉棋不定的，忽往忽來的，而且是不中用得可笑的。最後的那些宗教殘殺（二五〇至三〇三年）㉟，竟沒有一點成功的希望自然是不足為怪。還有更可注意的，就是當年基督教的書籍，並未被禁。

更高一層的問題，就是殘殺縱使能夠成功，是否本身可以說得過去，當年並未想到。那時候的衝突，事實上是個人良心，與國家權威及其所假定的國家厲害之衝突。這正是一個蘇格拉底曾經提出過的問題；到此時這問題更覺緊急，更為可怕，而範圍也更為寬闊。這個問題就是：遇著服從法律，與服從良心二者不相容的時候，怎樣辦法？還是政府為尊重個人的良心，應當付出一切的代價而不顧呢？還是這代價也有一定的限度呢？當時的基督教徒對這問題是不去謀求解決的。他們對於這種問題，毫無興趣；他們所要的只是在非基督教的政府之下，自己有絕對的自由。若是這個政府對於其他非基督教的宗派，如諾斯底教派

（Gnostic sect）[36]爲他們所深恨而誣蔑的，加以禁壓，他們還一定稱頌：這是無可疑的。總而言之，若是基督教的國家一經成立，基督教徒就立刻全忘了自己當年所受痛苦而發的主張。那班殉教者只是爲良心而死，並不是爲自由而死。即近代基督教會在自己勢力不能駕馭的國家中，尙極力作良心自由的要求；卻不承認自己若是當權了，也應當向他人作同樣的讓與。

若是我們從古代史的全體觀察，仍然可以說思想自由在當年和空氣一樣，人人吸了並不覺得。大家認爲當然，所以毫不注意。縱然雅典也有七、八個思想家以異端遭禍，但是大都不過藉異端爲口實。這些事情，並不足以使我們疑慮到當年知識的進步不遭成見妨害，或科學的搜討不受非科學的權威阻礙，非普遍現象。有教育的希臘人是能寬容的，因爲他們是理性的朋友，而不在理性上面，再加任何權威。除了藉辯論以折服人之外永不以一方面的意見，強加他人。既不和小孩子一樣希望得著「天國」，也不把自己的智慧力拜倒在自認無誤

㉟ 這是指德西烏斯（Decius, 249-251）、瓦勒良（Valerian, 253-260）、奧勒良（Aurelian, 270-275）諸皇帝幾次的殘迫詔令，至三〇三年戴克里先（Diocletian）三次嚴厲的禁命而言。

㊱ 諾斯底教派（Gnostic sect）第二世紀基督教中一支，以希臘哲學的根據，謀建設基督教哲學。其重要人物爲克林妥（Cerinthus, 115 A.D.）、撒特流斯（Saturninus, 125）、華倫提努（Valentine, +160）。

的權威之下。

但是這種自由，並不是由於自覺的政策或考慮後的深信而來，所以還是散漫不經的。思想自由、宗教自由和意見寬容等問題，當年並不緊迫地臨到社會身上，所以也不曾經過鄭重地考慮。當基督教對於羅馬政府成爲問題的時候，也沒有人見到在對待這一小部分不明瞭的宗教社會——對於非基督教的人這是無趣味而可討厭的一部分宗教社會——的事實之下，牽涉到一個有社會關係的最重要之主張。以後經過一個關於殘殺的理論與實行兩方面之長期經驗，思想自由之說，乃有確定的基礎。後來基督教會所採取對付他教的殘酷壓制政策，和其所產生的結果，逼迫我們的理性，抓住這個重要問題，而發現知識的自由之基本原理。希臘人與羅馬人的精神，託身在他們的事業裡面，並不曾死；只是經過長期的陰翳之後，重行照著我們的世界，幫我們扶著當年他們曾經任意享受而不曾奠定基礎的理性，重行建極。

第三章　理性入獄時代（中古時代）

「寬容詔」下了約有十年，君士坦丁大帝竟採取了基督教。這種適逢其會的決定，開了一個從基督教徒看去是一千福年的創局。在這個時期以內理性被囚，思想就縛，一切的知識都不能有進步。

當前兩世紀基督教被禁的時候，基督教徒以宗教信仰係出乎個人自動而不當用強力逼迫爲理由，主張寬容。但是一到他們的信仰得勢，有國家威力作後盾了，他們就立刻拋棄這種主張，他們興高采烈地作一種努力，要使大家的意見都歸一致，信他們神祕莫測的宇宙觀；採取一種確定的政策，以摧殘思想自由。這種政策爲當時羅馬的皇帝和政府所採擇，原因一部分在於政治。因爲紛歧的宗教，互相嫉視，對於國家統一，頗有危害。不過根本的主張，還是出於唯有基督教才能使人最後得救之說。那種深入難拔的信仰，認爲不奉基督教義則將沉淪萬劫而不復，且認上帝將以治滔天罪惡的手段以懲罰神學上信仰錯誤者，自然會引他們歸到宗教殘殺的路上去。因爲見到自己永久的利害關頭所在，並須阻止他種錯誤的信仰發展，他們遂以強加自己的眞信仰在別人身上爲天責。異端遂被認作非同尋常的刑事罪犯；在基督教徒眼中看去，則人間給異端所受的任何刑罰，還不及他們將來在地獄裡所受的刑罰之萬分之一。無論守身處世如何賢德的人，只要信仰宗教一旦錯誤了，便是上帝的仇敵；使他們不留人間，乃基督教徒的義務所在。雖有賢德，也不足引爲避免這重罪惡的藉口。照基督教的人道觀，則異端的——只是人間的——道德，只爲罪惡；如嬰兒不受洗禮而死，則將永在地獄底下爬。從這種觀念發生的不寬容，和世間所有經歷過的他項不寬容，除性質各異，強度不同之外，還有什麼區別。

除了基督教義應有的推論之外，其《聖經》本來的性質，對於其教會不能寬容的主張，也有一部分的關係。最初的基督教徒，把猶太教的《聖經》收入他們的《聖經》裡面，是一件不幸的事。那種經典，只是托出低等文明時代的思想，充滿了野蠻的動作。在那些不人道、橫暴與愚頑的榜樣和教訓裡，不知損害多少人類的道德；而一班虔誠去讀《舊約》的人，默信以爲是聖靈的啓示，還非去贊助不可。結果爲宗教殘殺的學說，供給全副武裝。這些神聖的經典爲道德與知識進步的障礙，是一點也不假的，爲他們指定一個時期的思想，當作神聖，而認爲這個時代的習俗，是天帝所授予的。採取遠代的書籍以作經典，基督教實於人類進步的途中，砌下了最可憎惡而不易經過的一段。若是當年，基督教徒把猶太創世的耶和華（Jehovah）屏斥在教綱以外，並且安守《新約》，把《舊約》神聖啓示也加以屏斥，我們想像歷史會變——而且一定會變——另外一個樣子。

在君士坦丁大帝及他的繼起者之統治下，接二連三的詔令，雷厲風行禁止崇拜以前不屬基督教的神祇；在基督教裡面並且反對不屬正宗的結合。尤利安皇帝（Emperor Julian）①基督教會稱他做「叛教者」（The Apostate）——在他簡單的御宇期間，要設法恢復從前的

① 尤利安（Julian, the Apostate）爲三六一至三六三年羅馬皇帝，爲君士坦丁大帝之姪。

秩序，於是宣布各教一律待遇；不准學校裡特別以基督教為功課，自然不免把得意的基督教放在不利的情形之下。但是這種辦法，對於基督教不過是一時的挫折。後來狄奧多西一世（Theodosius I）②在第四世紀末葉頒布的嚴酷法令，竟使異端之說，受摧殘到破碎無餘。雖然在一世紀以後，這種異說還於雅典羅馬城中，時露一鱗片爪，但已無足輕重。當時基督教徒起了內部派別的爭鬥，所以對於這種古代精神的釜底遊魂，並不十分注意。到西班牙把不屬正宗的普里西利安（Priscillian）③判決死刑以後——事在第四世紀——基督教內部乃正式開背正宗當處死罪之端。在這時代輪到一個不屬基督教的人，去勸基督教內部相安，實在是很有趣的事。哲學家提米斯久斯（Themistius）④致書瓦倫斯皇帝（Emperor Valens）⑤，勸他取消反對與他意見不同的基督教徒之詔令，發揮寬容的學說。他說：「在個人的宗教信仰範圍以內，政府威權的干涉，是沒有效力的；縱能迫使他人就你的範圍，也不過是造成多少口是心非的虛假。每種信仰，都當不受禁止；政府不當問正宗與非正宗，只當以保全公共的福利為職志。世間既有種種的信仰，就是上帝自己明白表示祂願意有種種不同的崇拜；向祂去的路，原來不只一條。」

教士中最受崇拜而享最高權威的，莫過於奧古斯丁（Saint Augustine）（死於四三〇年）⑥。他就是為後代確實鑄成宗教殘殺原理的，為他把這種原理，建築在強固不拔的《聖經》根據上——就是建築在一條耶穌（Jesus）自己的寓言上，說要「強迫他們進來。」到十二世紀的末葉，基督教會費盡氣力壓制不屬正宗的異說。當時殘殺之事甚多，只是還不成系統。我們很有根據推想當年教會追究所謂邪說，只是以教會的世間利害爲標準；所以採取嚴重手段，只是因爲邪說的傳佈，減少他們的歲收，或是危及他們的組織。當十二世紀之末，教皇英諾森三世（Innocent III）⑦即位；在他的統治下，所謂西歐教會（Church of Western Europe）⑧乃達到最盛的權力。他和他的繼任者在基督教國中以有組織的運動去洗

---

② 狄奧多西一世（Theodosius I）即所稱狄奧多西大帝。三七八至三九五年東羅馬皇帝。

③ 普里西利安（Priscillian）爲西班牙神學者，獨自成立一派。其說盡於神祕主義，於三八五年在特夫斯（Treves）燒死。

④ 提米斯久斯（Themistius）第四世紀哲學家；初在君士坦丁；以後在羅馬。

⑤ 瓦倫斯（Valens）三六四至三七八年東羅馬皇帝。三七八年與哥特族（Goths）戰敗後失蹤。

⑥ 奧古斯丁（Saint Augustine, 354-430）爲建設基督教神學最有勢力之權威。其重要著作至今常被閱讀者爲“*The City of God*”（*De Civitate Dei*）及“*Confessions*”。

⑦ 英諾森三世（Innocent III）爲一一九八至一二一六年教皇；是教皇系中最著名之一人。

⑧ 西歐教會（Church of Western Europe，即西教會 Western Church）即羅馬舊教教會（Roman Catholic Church），所以別於東教會，神聖正宗教會（Holy Orthodox Church）。兩者同屬基督教。三三〇年君士坦丁大帝遷都君士坦丁以後，宗教重心隨政治重心而有變動。君士坦丁係希臘文化的都府，於是基督教會亦受陶染，漸與拉丁文化的羅馬分離，自成一大派。分裂之始，可紀自七二五年；正式分裂，可紀自一〇五四年。

滅邪說異端一事，實負開端和實行的責任。法國西南部有一地名朗格多克（Languedoe），其居民多信基督教爲所謂邪說異端。其中有一派名叫阿爾比派（Albigeois/Aibigeneses）[9]，尤犯基督教正宗之忌。他們隸屬於土魯斯伯爵（Count of Toulouse）[10]統治下，是很勤儉而守身分的民族。但是教會向這班反對教權的人民，收斂太少；教皇英諾森乃命伯爵剷除他統治下的邪說異端。伯爵不肯遵從，教皇乃召集十字軍去打阿爾比派。凡是能去打的人，不受十字軍人所認爲當有的報酬，而且凡有宗教的罪惡，都被教皇代天行道的一概預赦。於是起了一串殘酷的血戰，英國人西蒙・德・孟福爾（Simon de Montfort）[11]也參加在內。結果把那地方的人，不分男女老幼整隊的燒死縊死。雖然邪說還不能剷盡，但那些人已經再不能抵抗了。這個戰爭到一二二九年才告終結；伯爵也被完全屈服。關於這件事，最重要的一點就是：教會在歐洲的公有法律中，加入了一條原則：凡君主要保持王冠，都當以能爲教會剷除異端邪說作條件。若是他對於教皇所下殘殺的命令，猶豫不肯執行，那他自己也將不保；他的土地充公；他的屬土可以被受教會指使的任何人侵犯。因此，教皇居然建設了一個教權制度；在這個制度裡面，一切他項權利，都當附屬於維持純粹信仰的神聖義務之下。

但是爲對於邪說要圖斬草除根起見，必須肅清他祕密的伏莽。阿爾比派雖然被打倒了，但是那種主義的毒質，還不曾掃清。一二三三年教皇額我略九世（Gregory IX）[12]乃以有組織的制度，去搜索持異端邪說者，——這就是「宗教審訊制」（The Inquisition）[13]。到一二五二年教皇英諾森四世（Innocent IV）[14]以一紙教廷通敕，竟使這個制度，在各處完全成立。這道通敕以此項爲宗教殘迫而設的機關，是「在每個國家，每個城市之中，不可少的一部分社會莊嚴建築。」這個壓制人類宗教思想自由的有力機關，在歷史上是絕無僅有的。

對於這種遺大投艱的新責，當時教會的牧師擔負不了；於是每個教區之中，都特派勝任的僧侶，代行教皇的職權，去搜尋邪說異端。這種審訊使的權限是無限制的，不受任何監

---

⑨ 阿爾比派（Albigeois 或 Albigeneses）爲反對教皇及舊教腐敗的一派。其主張傳下者都經過反對派手，所以很難斷定。因當時認其以 Toulouse 附近之 Albi（古 Albiga）爲中心，故以此得名。此派現於十二及十三世紀。

⑩ 土魯斯伯爵（Count of Toulouse），土魯斯（Toulouse）地屬法國南部。當時伯爵爲雷蒙六世（Raymond VI）於一二〇四年被英諾森三世削除教籍。

⑪ 西蒙・德・孟福爾（Simon de Montfort）此爲 Simon IV de Montfort（C.1160-1218）。其家世爲法族，後轉英籍。

⑫ 額我略九世（Gregory IX）爲一二二七至一二四〇年教皇。

⑬ The Inquisition 拉丁原文爲 Inquisitio 只是「追問」（An inquiry）的意思。而這種制度，則爲一種宗教的裁判，專用以對待所謂異端和一切觸犯羅馬舊教的人。其來源當溯自耶穌的門徒保羅（St. Paul）。經英諾森三世及額我略九世幾個強而有力的教皇以後，至十三世紀乃完全成立。

⑭ 英諾森四世（Innocent IV）爲一二四三至一二五四年教皇。

督，也不對任何人負責。若是當年各國君主不曾把反對邪說異端的法典各自嚴格地定下，則這種從教皇方面而來的制度，也不易成立。如腓特烈二世皇帝（Frederick II）⑮自己雖是一個自由思想者，卻制定了一些法律，規定在他南及義大利北統德意志的廣闊治權之下（時當一二二〇至一二三五年之間），凡有持邪說異端者，都認作化外。如果他們不肯明白悔罪，則罪在被焚；縱然悔罪了，也當入獄；若是重犯了，則罪在處死；他們的財產充公，房屋被毀，到第二代的子孫，除了能叛祖宗或賣其他異端的，一概不得任國家官職。

腓特烈二世的立法，竟把火焚一事，定爲異端當受的刑罰。把這酷刑，施諸異端，以法國一位君主最早（一〇一七年）。我們不可忘記在中古時代，及其過去後好久，懲罰任何罪犯，都是極端殘忍的。當亨利八世（Henry VIII）⑯時代的英國，還有一個罪犯，是遭活煮。邪說異端，自然是一切罪惡中之最甚的；所以對待他正如對待地獄裡的鬼卒一樣。這些治邪說異端的酷刑，當時且被群眾的公意，極力贊助。

宗教審訊制完全發展以後，凡是西方基督教的世界，都布下了天羅地網，沒有一點開口的地方，可供持邪說異端者遁逃的。各國的審訊使通力合作，互相報告；「全歐洲大陸的宗教法庭，竟成一根不斷的鎖鏈。」英國獨在這種制度以外；但是當亨利四世（Henry IV）⑰及亨利五世（Henry V）⑱的時候，政府也訂一種特別的法典，以燒刑處治邪說異端。（這種法典頒布於一四〇〇年，在一五三三年取消過一次，到瑪麗王后（Queen Mary）⑲在位的時候又恢復了，到一六七六年才最後取消。）

關於強行統一信仰一事，以西班牙的宗教審訊制成績最好。當十五世紀之末，西班牙設了這種制度，自擁特點，即羅馬的干涉，亦遭妒視。此項西班牙宗教審判制（它的命運最久，到十九世紀方才廢除）成就之一，就是把所有已歸基督教而仍然保存回教思想與習俗的摩洛哥族人（Moriscos），一齊放逐出境。還有人說它把在西班牙的猶太教完全剷除，而能防護西班牙受新教的侵入。只是防止新教侵入一層，這制度並不能居功；因爲西班牙的地方，本不宜於新教的移植，縱使有種子散布下去，也是不能生長的。不過那地方的思想自由，卻是完全壓下去了。

搜索邪說異端的法子，最有效的，莫過於那道「信仰詔」（Edict of Faith）。這通詔

---

⑮ 腓特烈二世（Frederick II, 1194-1250）羅馬皇帝。幼時受英諾森三世教育，影響甚深。

⑯ 亨利八世（Henry VIII, 1491-1547）英王。因離婚關係，背羅馬教皇而建英國國家教會。其一生事蹟爲英國史上最有影響的君主。

⑰ 亨利四世（Henry IV, 1367-1413）英王。

⑱ 亨利五世（Henry V, 1387-1422）英王。

⑲ 瑪麗王后（Queen Mary, 1516-1558）英后，即 Mary I，亨利八世之女，以威力恢復舊教而剷除新教。英人呼爲"The Bloody Mary"。

令利用人民加入宗教審訊的事業手段，強迫人人都通風報信。每區之中，常有使者光顧；命令凡是知道該處有邪說異端的人，立即前來告發；知而不報則凡世間的與宗教的慘刑，正有所待。這方法實行的結果，即鄰居家屬，也免不了互相疑忌。「壓伏全部人民，癱瘓他們知識的活動，使他們只能盲目服從，實在沒有比這更要獨出心裁的方法。互相告密，竟因此成爲高尚的宗教義務。」

在西班牙審判以持邪說異端被告者的手續，是反對以任何合理的方法去斷定實情的。被囚的人預先就被假定有罪；證明無罪的責任，全在被告身上；審判官事實上乃是他的原告。凡是反對他的證據不問來源如何不名譽，都一概認爲有效。承受能夠供羅織的證據，非常之寬；而審查利於被告的證據，非常之刻。只要是反對囚人而不是爲囚人說話的證見，不問是猶太人、摩洛哥人或是僕役，平常不見容而受鄙棄的，到此時一律認爲有效；遠親疏戚，更不必說了。這種宗教審訊制所採的原理就是，寧可任一百個無辜的受罪，而不可任一個有罪的逃脫。燒罪犯的時候，任何輸柴助木的人，都可從教會得免罪的酬報。但是宗教審訊的法庭，並不自己判決罪囚應當燒死，因爲教會自己不背使人流血的罪孽；這個惡人，落得讓他人去做。宗教的法官僅把宣告有罪而不可救藥的異端，交給地方官吏；當時公文上把這種交付，稱作「鬆釋」（Relaxed）罪人，幾近滑稽，還要囑地方官吏「慈祥而寬大地處分他」，眞是滑稽而又滑稽了。地方官吏對於這種仁愛的請願，除了處決死刑以外；還有什麼辦法；若是不這樣辦理，那他自己就以鼓勵邪說異端獲罪者。按照「教律」（Canon

Law）[20]，所有的君主同官吏，對於宗教審訊法庭交過來的異端，必須立即盡法懲辦；不然則受削除教籍之罪，人人得而攻之，這是當年大家最怕的。那時代燒死的人數，雖不如一般人想像之多，但是這種制度所產生的痛苦總量，和把人弄得半死不活的殘酷情形，斷難言過其實。

這種教會用以作宗教殘迫的法律手續，並且弄壞了歐洲大陸上的刑法制度。研究宗教審訊的歷史學家亨利・查爾斯・利亞（Henry Charles Lea）[21]說：「在一切宗教審訊制之遺毒之中，這件恐怕是最大的：就是一直到十八世紀之末，在大部分的歐洲，這種自基督教毀滅異端發生出來的審訊制，還成爲處理任何控案的習慣方法。」

這班如吉朋[22]所謂「以殘忍去保障胡說」的審訊使，至今還常認作可怖的妖魔。把他們和當時順從他們意志的君主，來比初民時代殺人祭神的祭師酋長，是一點都不委屈的。

---

⑳ Canon Law 拉丁原名“jus cononicum”爲宗教團體對外對內法律之總稱。起源甚久，內容亦常有變遷。

㉑ 亨利・查爾斯・利亞（Henry Charles Lea）美國十九世紀史學家。爲研究宗教審訊制最著名學者，著有“*A History of the Inquisition of the Middle Ages*,”1888; “*A History of the Inquisition of Spain*,”1906。

㉒ 吉朋（Edward Gibbon,1737-1794）英國史學家。其最大著作爲《羅馬帝國衰亡史》。其態度傾向理性主義；在《自傳》中述其攻擊宗教方法，得力於 Pascal。

在他們眼中看去，古代那位殺自己女兒伊菲革涅亞（Iphigenia）去媚神求風的阿伽門農（Agamemnon）[23]，恐怕要算最慈愛的父親；而勸他這樣舉動的預言者，是最有人格的先覺。他們的行動，正是依著他們的信仰。自中世紀以至後來，一遇有邪說異端的問題發生，即平日性情最溫和而傾向道德的心思很純粹的人，也絕對沒有仁心。對於邪說異端的怨恨，是從唯有經基督教方能得救之說所生的一種傳染病菌。

從觀察我們知道這個武斷的信條，並且損害人類對於眞理的態度。當著生後永久的命運關頭，人以爲取用任何方法，假手強力以貫徹自己的眞信仰——不問究竟是錯是假——都是合法的而且是不容閃避的。即造作許多神話與毫無根據的故事，以增加他信仰的莊嚴，亦無所顧忌。取超越禍福的態度以領會眞理，在十七世紀以前，是不曾盛行的。

除了這個必經基督教人類方可得救的主張，並附帶著原惡、地獄及最後裁判諸說，釀成這種結果之外，同時基督教中，還有許多信條和教義，爲牢不可拔的一切知識障礙，尤其是在中世紀阻塞科學發展的前途使他直到十九世紀的後半，才把自由的進步得著。每種科學研究的範圍，在當年無不布滿了荒謬的意見，由教會藉《聖經》萬無錯誤的權威，訂作天經地義不可更改的。猶太創世降人說，密切地與基督教贖罪說合爲一體，把任何關於地質學、動物學和人類學的自由研究，排斥得乾乾淨淨。謹守著《聖經》的字面解釋，日是繞地的。地圓之說，隨爲教會所禁。教會列數塞爾韋特（Michael Servetus）[24]罪狀之一（他在十六世紀被焚，參看下面），就是他相信一位希臘地理學家，說是被《聖經》形容得香乳甘蜜，遍地橫流的猶太，不過是一個草木不生，民窮地瘠的小國。早年希臘醫學家希波克拉底（Hippocrates）㉕根據經驗，應用有條理的方法，對於醫藥之學，已經很有研究了。一到中古時代，大家竟重新回到野蠻時代的初民觀念上去。身體疾痛的原因，歸到神鬼——不由於魔鬼作祟，便是上帝懲罰。奧古斯丁說基督教徒的疾病，是鬼魅加害的；馬丁路德㉖也作同樣的主張，以爲由於撒旦（Satan）㉗。對於這種超越自然的病，當然只有超越自然的藥可醫。於是出賣神聖靈蹟的生意大盛，教會乃得著大宗的金錢收入。做正式醫生的，反被認爲

㉓ 阿伽門農（Agamemnon）爲希臘邁錫尼（Mycenae）國君。被舉爲特洛伊戰爭（Trojian War）聖師；因觸女神阿提米絲（Artemis）之怒，大軍阻風不得渡海。阿伽門農乃願殺親女伊菲革涅亞（Iphigenia）以祭。後伊菲革涅亞爲阿提米絲收去，乃殺他人以代。事見荷馬 *“Iliad,”* Aeschylus 之 *“Agamemnon”* 等劇。

㉔ 塞爾韋特（Michael Servetus,1511-1553）醫學家，兼通數學神學。喀爾文主張把他殺頭，後來地方法庭判決燒死。

㉕ 希波克拉底（Hippocrates）希臘哲學家，醫學家，約生於西元前四六〇年，死於三五七年。稱爲「醫祖」。

㉖ 馬丁路德（Martin Luther, 1483-1546）德國宗教改革家。爲新教建設者。事蹟太多，爲一般人所知道。他以白話譯基督教《聖經》，則爲文學革命家，爲建設近代德國文學者。

㉗ 撒旦（Satan）係黑暗鬼王；其名始見於古猶太法典 *“Talmud”*。

毀道行魔。解剖屍體是犯禁的，大概一部分是由於基督教復活之說。到十八世紀教會還反對種痘，就是這種中世紀疾病觀之餘痕。化學——其實當時只是鍊金術——被認作妖術，在一三一七年爲教皇所禁。羅傑．培根（Roger Bacon）[28]雖然宣告確信正宗，但因不幸而有研究科學的本能，致干未便，身受長期監禁之苦（事在十三世紀）——即此就可表現中古時代對於科學的疑忌了。

這也是可能的事；縱然沒有這種神學的對於科學之嫉視，當年研究自然的知識，也不會有多少進步。因爲在基督教勢力未盛的五百年前，希臘的科學已經停止進步了。自西元前六百年後，已沒有重要的科學發現。爲什麼有這種衰落的現狀，很不容易解釋；但是我們從希臘和羅馬的社會情形裡去找理由，斷無錯誤。我們可以猜想得到，縱然當年得勢的信仰不與科學爲敵，然中世紀的社會情形也是對於科學的精神——不顧利害以搜討事實的精神——不合宜的。我們可以猜想，科學再生，無論如何，還要等到在十三世紀開始發現的新社會情形到有相當成熟以後（參看下章）。或許神學的成見，爲知識進步的主要障礙，也還在中世紀過去以後。換句話說，關於妨害科學進步一點，基督教義在這個古代文明與近代文明中間交替的一段黑暗時期中，所加的禍害，比較起來，還不及他在後來科學已經復興到不可摧滅的時候，所做的障礙功夫大。

執迷不悟地相信有巫術，魔道與鬼魅，中世紀還是承諸古代；不過到了中世紀越變得陰森可怕，越陷世界於恐怖。當時大家簡直相信四周繞著的都是魔鬼，只是待機而發，加害人身：所有的瘟疫、天災、飢饉與日月蝕等，都是魔鬼幹出來的。只是他們又相信宗教的儀節，可以對付得了這些仇敵。早年就有幾位信基督教的皇帝，明定法典，禁止魔道；一直到十四世紀，才有系統的設施，剷除巫術。那個可怖的黑死病（Black Death）[29]，在這世紀幾乎使歐洲成爲虛設的，更使大家心驚膽戰地覺得在渺冥之中，有魔鬼下降。對於巫術的審判，一倍一倍地增加。三百年以內，關乎巫術的發覺，和被控爲治巫術者所受之殘害，——其中大都是女子——實係歐洲文明的一個特點。這種關於巫術的見解和殘害的手段，都是在《聖經》上有根據的。《聖經》說：「你不能讓巫者存在」，這還不是自最高權威而來的法令？爲了這件事，教皇英諾森八世（Innocent VIII）[30]於一四八四年下了一道通詔，說是瘟疫和天災，都是巫者的工作。而當時所謂最有思想的人，也相信魔鬼的力量是眞的。

最殘酷的故事，莫過於殘殺巫者的了；而各處殘害的慘暴，尤莫過於英格蘭與蘇格蘭。

㉘ 羅傑・培根（Roger Bacon, C.1214-1294）英國哲學家、科學家。對於二者貢獻，皆極重要。

㉙ 黑死病（Black Death）於一三四〇至一三四九年、一三六一至一三六二年及一三〇九年數次蕩滌歐洲。關於此疫恐怖之描寫，參看薄伽丘（Boccaccio）的《十日談》（*The Decameron*）。

㉚ 英諾森八世（Innocent VIII）爲一四八四至一四九一年間教皇。

我特別提出這件事來，因爲它的來源，是直接出於神學的教義；而這章恐怖史的收場，正是理性主義。

在這個基督教會勢力最大的期間，理性披枷帶鎖地囚在獄裡：這個監獄就是基督教圍著人類思想建造的。我並不說這個時代中的思想全不活動，但是一活動便成爲邪說異端。用一個比喻，縱然有能夠打破枷鎖的人，也大都是不能打通監獄的銅牆鐵壁。他們的自由，僅限制以信仰爲歸宿；而這些信仰有如正宗的教義，同以基督教神話爲基礎。此項情形，也有例外。如十二世紀末葉，從另一世界傳來的刺激，也能在基督教世界裡發生反應。後一個世界裡有學問的人，此時才知道亞里斯多德的哲學——這是從猶太人和回教中人學來的。在回教徒中，很不缺少自由思想，這是從研究古代希臘玄想所引起的。自由思想者阿威羅伊（Averroës）[31]的著作（時當十二世紀），以亞里斯多德的哲學爲基礎，在基督教的國家中，頗揚起一點理性主義的波瀾。阿威羅伊主張物質常住而否認靈魂不滅。他大概的態度，可以說是泛神論（pantheism）。但是爲免除正宗回教的權威來麻煩起見，乃想出一種「兩重眞理」（Double truth）之說，以爲一重是哲學的眞理，一重是宗教的眞理；兩者雖然各自獨立，甚或相反，但可同時並存。不過這個方法，終不能使他避免逐出西班牙回教教主的宮廷。他的學說流入巴黎大學，居然產生一個自由思想的學派，主張創世、復活及他項重要基督教義，縱能在宗教方面不失其爲眞，但從理性方面看去，是絕對荒謬。這種說法，使腦筋簡單的人聽了，也彷彿覺得靈魂不滅之說在星期日是眞的，在平常的禮拜日子，就靠不住；而耶穌門徒的教義在廚房裡是靠得住的，一到客廳裡就不眞了。此項危險運動，終究不免摧殘；全身保命的兩重眞理主張，也爲教皇約翰二十一世（John XXI）[32]禁止。阿威羅伊派和類於這一派的玄想，喚起了在南義大利的聖多瑪斯・阿奎那（St. Thomas Aquinas）[33]的神學。他是一個很調皮的思想家；他的思想中，有一種向於懷疑主義（skepticism）的自然趨勢。從前做異端領袖的亞里斯多德，被他拉到正宗方面來。他建設了一種很獨出心裁的基督教哲學，至今還是羅馬教會（舊教教會）裡的權威。但是理性與亞里斯多德，歸根還是信仰的危險同盟國；聖多瑪斯・阿奎那的論調，算得剛好使其注重的疑點。足以搖動已信者的信心，而不使其所擬的解答，足以箝懷疑者的口舌。輕重的權衡間，已經能上下其手了。

當然不信所謂正宗的私人意見，和同類無學理根據的主張，處處都有出沒；卻沒有什麼重要的影響。十三世紀流行一種誹謗汙蔑宗教的話，以爲世界被三個不相關而好事的人騙

㉛ 阿威羅伊（Averroës, 1126-1198）亞拉伯哲學家，於哲學、數學、天文學、醫學，均極著稱。

㉜ 約翰二十一世（John PP. XXI）爲一二七六年九月至一二七七年五月間教皇。

㉝ 聖多瑪斯・阿奎那（St. Thomas Aquinas, C.1227-1274）哲學家，最有勢力的神學家，而又博通科學。其父爲 Landulf, Count of Aquino，故多瑪斯亦以此稱。

了，就是摩西（Moses）、耶穌與穆罕默德（Muhammad）。這話有人以爲是腓特烈二世說的（死於一二五〇年）；大家常稱他爲「第一個近代人物」。表現同樣的意思，所用乃爲較和緩的詞句，則有三個戒指的故事。這個故事至少也和以前那句話去時不遠。一個回教國的君主，想敲詐一個猶太富翁的錢；乃把富翁召來，給他一個圈套。君主說：「朋友，我常聽說你是很聰明的人。告訴我猶太、回回、基督三種宗教，你相信哪種最眞？」這個猶太人一聽就知道是一個圈套，要他去上的，於是回答道：「君上，有一次一個富翁，於各項財寶中，還有一個極貴重的戒指；他因爲這戒指太貴重了，所以想遺留給那繼承家產的嗣子，作傳家之寶。於是他立下遺囑，說是他死後這個戒指在哪一個兒子身上發現的，這個兒子就是他的嗣子。世世相傳，都是這樣辦法。到最後一代，那個承繼的富翁有三個兒子，愛得毫無等差。他打不定主意把這戒指交給哪個，乃私下向著每個都答應了。爲了要滿足每個的慾望，他於是叫金匠照樣地仿造了兩個——造得一模一樣，結果他自己也分不出哪個是眞的。臨終的時候，他給每人一個，於是每個兒子都自認爲是繼承財產的嗣子；但是每個都沒有法子證明他是眞正的嗣子，因爲這三個戒指，簡直沒有分別。這件官司，一直打到現在，還不曾解決。君上，這三種宗教的問題，也是這樣，同是上帝給三個民族的。其中每個都自己認爲是眞的，但是究竟哪個是眞的，也和這三個戒指的問題一樣，至今還不曾解決。」這個帶懷疑性的故事，到十八世紀而大著名；當時德國的詩人萊辛（Gotthold Ephraim Lessing）[34]根據他作《智者納坦》（*Nathan the Sage*）一劇，其目的在表現不寬容之不合理性。

㉞ 萊辛（Gotthold Ephraim Lessing, 1729-1781）德國批評家、戲劇家。爲近代德國文學的先驅。其《拉奧孔》（*Laocoon*）一書，在文藝批評中占罕有的位置。

第四章　解放的先聲（文藝復興與宗教改革）

當十三世紀在義大利發生一種知識的和社會的運動，以消滅中古時代的黑暗，而預備下最後拯救理性出獄者的路途。那重以輕信與稚昧織成的陰翳帷幕，罩住著人的心靈上使他既不能知道自己，更不能知道自己與世界關係的，到此刻漸漸揭開。個人開始感覺到自己獨立的人格和個人於民族與國家之外的本身價值（如在希臘及羅馬的較晚時代）。從中古時代的沉夢中，開始湧出周圍眞實的世界。這種變遷，是從一組義大利小國的政治和社會情形裡面，產生出來的。這些小國之中，有些是共和國，有些當時還屬於專制暴君的統治下。

想收世界，以爲己用的個人，在這個漸露眞相的人的宇宙裡，也得要一點嚮導；這種嚮導，乃從古代希臘羅馬文學中求得。所以這種自義大利推到北歐的大革命運動，就叫做「文藝復興」，或是古代學術的再生。但是此項對於古代文學覺醒後的興會，雖供給大家新的理想，喚起新的態度，與這運動以特殊的色彩而促進它的長成，然事實上僅係一種精神變遷的外面形式。這種精神的變動，自己在十四世紀，開始表現；假設當時它不取這種形式，也未可知。這個運動眞正的名字，還是叫做「人本主義」。

變動雖然起了，但大家在這時候，並不覺得自己轉入一個新文明的時代；而且文藝復興時的文化，對於正宗的信仰，也不曾立刻產生公然和普遍的知識叛變。世界雖然漸漸地採取一種態度，對於中世紀的教義，不能優容；但是積極的戰爭，並不曾爆發。一直到十七世紀，宗教與政府才爲有系統地作戰。當年一班人本主義者（humanist），並不以敵意向著神學的權威及宗教的信條；只是發現了一種對於實際世界的好奇心，把自己的興趣一起任他吸收去了。他們崇奉滿藏毒菌的異端文學爲神聖；把人事方面的教育，看作再重要不過的；而以宗教與神學，另外分作一類去談。也有幾個偏近玄想的人，覺得這種辦法，事實上是彼此不相容的，想把舊宗教與新思想，調和起來；但是一般思想家在文藝復興時代的趨勢，都是把這兩方面分得清清楚楚：在表面仍然遵從宗教的儀式，而在裡面卻不屈服眞正的思想自由。

我可以舉蒙田[①]（Michel de Montaigne，十六世紀的後半）做這種文藝復興時代兩面信仰的例。他的《論文集》（*Essays*）是爲理性主義而做的，但是裡面常公然承認羅馬教的正宗。這是純粹出於著者的誠心，並不是假詞託語。他並不曾設法使二者調和；而事實上他還取一種懷疑家的態度，以爲理性與宗教之間，是沒有溝通餘地的。在神學範圍以內，人類的智力不能勝任；宗教必須超然獨立，處於理性參與之外；大家對於宗教，只有低首下心的承受，別無話說。這種根本上帶懷疑性質的態度，當他生在基督教的國家中，可以使他承受基督教；假設他生在埃及的開羅（Cairo）[②]也可以引他承受回回教：因爲反正與知識的眞理不相關的。他雖然低頭下心地承受一種宗教，但是他的心靈並不歸附於宗教的統治下。只

① 蒙田（Michel de Montaigne, 1533-1592）法國文學家及思想家。
② 開羅（Cairo）近代埃及都城。

是古代的賢哲，如西塞羅、辛尼加（Lucius Annaeus Seneca）[3]和普魯塔克（Plutarch）[4]才能陶冶統率他的思想和心靈。蒙田討論到死的問題，尚且不歸到基督教的安慰，而歸到這些賢哲的議論；其餘的問題也就可以想見了。當年他親眼所見的法國宗教戰爭，和「聖巴多羅買大屠殺」（Massacre of St. Bartholomew's Day，事見一五七二年）[5]，越足以使蒙田相信自己所持的懷疑主義是不錯的。他對於當年宗教殘殺的批評是：「本來這些宗教的意見，並沒有什麼高的價值；而大家有意先把他的價值提高來，然後再使主張這些意見的人爲了他來受苦。」

蒙田的懷疑主義，到他的朋友皮埃爾·查倫（Pierre Charron）[6]在一六〇一年發表的《原智》（*Of Wisdom*）一書中，才引人注目。這是此項主義邏輯上當然的結果。這本書主張眞正的道德，不是根據於宗教的。著者通盤研究基督教的歷史，以表現其所產生的罪惡。在最初一版中，他還主張「靈魂不朽」於理性方面根據雖甚薄弱，但是最能普遍承受的主張，信了很有用處的。在此書再版的裡面，他把這點也修改了。同時有一個耶穌會徒（Jesuit）[7]，把皮埃爾·查倫分在他所認爲最危險而最壞的無神論者一類裡面。事實上他只是自然神論者。但在當年凡是非基督教的自然神論者，都被認作無神論者；其中的區別，是大家不暇細問的。皮埃爾·查倫的書當然會被禁止，他本人也會受苦，若是沒有君王亨利四世（Henry IV）[8]的援助。這件事對於我們有特別的興趣，因爲這足以表現一種時代精神的轉變：從蒙田代表的文藝復興時代的空氣，轉入一個新時代理性主義漸取攻勢的新時代。

---

③ 辛尼加（Lucius Annaeus Seneca, C.54 B. C.-A.D.65 and C. 3 B.C.-A.D.65）爲父子二人。父爲大辭令家，亦治史學。人稱爲老辛尼加以別之。小辛尼加治希臘斯多噶派（Stoicism）哲學，兼好自然科學，著作中有《自然研究》（*Naturales Quaestions*）七卷，於科學甚有貢獻。通常稱辛尼加皆父子並舉，但子較父爲重要。

④ 普魯塔克（Plutarch, C.A.D.46-120）希臘傳記家、歷史家。其所著"*Parallel Lives*"四十六篇爲關於希臘羅馬賢哲最生動的之歷史傳記。英譯本以 John and William Langhorne 本爲最通行，Bohn's Classical Library 本亦最佳。

⑤ 聖巴多羅買大屠殺（Massacre of St. Bartholomew's Day）巴多羅買爲耶穌十二門徒之一，其節常於八月二十四日慶祝。此項大屠殺，是於一五七二年在巴黎實現。由凱薩琳・德・麥地奇（Catherine de' Medici）發動，殘殺胡格諾派（Huguenots）以毀在法國新教徒黨派。

⑥ 皮埃爾・查倫（Pierre Charron, 1541-1603）法國哲學家。《原智》一書原名爲"*De la sagesse*"爲一種倫理哲學的系統。

⑦ 耶穌會（Society of Jesus），其會員即「耶穌會徒」（Jesuits）於一五三九年由羅耀拉（St. Ignatius of Loyola）所建設，爲舊教內容一種發憤圖強的改革。其分子均受極精邃的學術訓練，以貧窮、貞潔、服從及盡忠教皇爲誓。有以舊教統治全世界的計畫，曾有極盛勢力。上海徐家匯天主堂即其支派。

⑧ 亨利四世（Henry IV, 1553-1610）法王。

當十四、十五、十六世紀的時候，人本主義始在義大利，繼在他國所做的事業，造成一種知識的空氣，使理性可以在裡面得著解放，而知識能夠繼續進步。印刷事業的發明，和地球上其他部分陸地的發現，也見於這個時代。這些事實輔助將來理性打倒權威，是很有力量的。

但是自由的勝利，還要靠他種原因；只在知識方面，是很難奏效的。當年政治方面重要的事實，就是：教皇的威權衰落；神聖羅馬帝國解體；許多的君主國家漸強，以人事的利害去決定和指揮宗教政策，而發展成近代的國家。宗教改革之所以能夠成功，也是由於這些原因。在德意志北部宗教改革運動的勝利，正因當時各處的小國君主，欲藉沒收教會的產業自肥。在英國不曾有民眾的運動，而政府爲自己利害，也實行貫徹此項變更。

宗教政革的主要原因，是因爲無處的教會不腐敗，還加上他罪惡貫盈地對人壓迫。教皇除利用精神的權威以增加其念茲在茲的物質利益之外，別無高尚目的，爲時已久。當時各國的外交政策，也是抓住這點，相機行事。自十四世紀以後，人人公認改革教會是不可少的舉動。教會也曾經答應自行政革，但其結果反而變本加厲。大家除了革命，實在沒有他項辦法。馬丁路德所領袖的革命，並不是由於考察信條，因其不合理性而叛；只是由於大家反對教會斂錢的方法，尤其是反對當時濫賣的「贖罪劵」而叛。路德因爲考察教皇贖罪劵的原理，才被引誘到叛離正宗的邪說上去。

最通常的錯誤觀念，爲一般讀歷史僅窺皮毛的人所同具的，就是以爲宗教改革建設了宗教自由，及個人判斷自由的權利。宗教改革所成就的，只是引出了一組新的政治和社會情形，藉這種情形，宗教自由最後才能達到；但是宗教改革與宗教自由根本上就是不相容的，所以不期由前者引起後者，實出宗教改革領袖意料之外，使他們見了，不免結舌聳肩。對於不與己同的宗教意見，加以寬容：這種意見，是與當年宗教改革家的心思，隔離得再遠也沒有的。他們不過用以暴易暴的手腕，去一個權威，立一個權威：以《聖經》的權威代替舊教教會的權威。但是這種《聖經》的權威，也還要根據路德，或是根據喀爾文⑨的解說，不能容絲毫變動。說到不能寬容的精神一層，舊式教會和新式教會簡直沒有區別。那些宗教戰爭，並不是爲自由的主張而戰，只是爲一組特殊的教義而戰。若是新教徒在法蘭西得了勝利，他們待遇舊教徒也斷不比舊教徒待遇他們要寬。

路德對於良心和信仰的自由，是很反對的，因爲這種主張對於他心目中的《聖經》不能相容。當他自己和他的黨徒不免有犧牲危險的時候，他或許也會反對以一派摧殘他派的舉動，認爲燒死持邪說異端者是不應該的事；但是一旦他自己的地位安全，而且得勢了，

⑨ 喀爾文（John Calvin, 1509-1564）瑞士宗教改革家。爲宗教改革運動之重要領袖，自立一派；與路德並重，而專橫過之。

他就立刻發表本意出來：主張強人信奉所謂眞正的教義而剷除所謂惡毒的邪說，是國家的義務；主張人民對於宗教，正如對於他項事宜，當無限度地服從君主；並主張國家主要目的，只在保障宗教信仰。他主張非浸禮論者（anabaptist）當處死刑。那種基督教專賣品的得救說，領導新舊兩派，同取一樣的途徑。

喀爾文不能寬容的名譽，恐怕再黑也沒有了。他和路德一樣，並不主張民政當局有絕對的統治權；他主張以教會統治國家，成立一種通常所謂教治的政府。他自己就在日內瓦（Geneva）設立教治。在那地方，自由是完全消滅了的；用盡監禁、放逐、處死種種刑罰使所謂異說，一律被他剷除乾淨。塞爾韋特所受的懲罰，就是喀爾文反對異說的慘戰中最著名的例子。這個西班牙人塞爾韋特著論反對「三位一體」的信條，於是在法國里昂（Lyons）被囚（被囚原因，一部分是墮入喀爾文所設的圈套）；後來他越獄逃到瑞士的日內瓦。雖然日內瓦對他並無法權，他卻仍以邪說異端的罪受審判而被燒死（一五五三年）。梅蘭希通（Philip Melanchthon）[10]是訂定宗教殘殺原理者，讚頌這件舉動，以爲可做昭垂後世的榜樣。只是後世終究有一天反引這種榜樣爲恥。一九〇三年日內瓦的喀爾文教徒因爲替本派教主內省有愧，爲替先德補過起見，替塞爾韋特立一塊紀念碑；碑上爲「我們的『大改革家』喀爾文開脫，說是他所以出此，不是他本身的罪過，而是『他的時代的罪過』。」

可見這些改革家，和他們所叛離的教會一樣，一點都不顧自由而只顧他們所謂「眞理」。若是中世紀的理想是要澄清世界的異端，那新教徒的目的至少也是要將所有道不同的人，在自己的境內不留一個。趨所有的人民到一條軌道上去，而以君上的號令，定他們的信仰：這就是當年德國新教諸侯，與羅馬舊教皇帝戰後媾和時（一五五五年）所訂下的基本原則。法國女王凱薩琳・德・麥地奇（Catherine de' Medici）[11]在法國爲舊教大批殘殺新教徒時，正是承認這種原則；所以她告訴英國女王伊莉莎白（Queen Elizabeth）[12]，若是後者願意，也可把英國的舊教徒同樣處分。

新教教義，更不足以代表任何理性的啓明。宗教改革在大陸上反對啓明，正如反對自由一樣。若是科學稍稍像是和《聖經》衝突，就不能有倖免的機會；對手方面爲教皇抑爲路德，是沒有一點區別的。《聖經》無論照新教徒或舊教會解釋，對於巫者都有生命的危險。德國學術的發展，停滯了一個很長的時期，正是宗教改革的影響。

---

⑩ 梅蘭希通（Philip Melanchthon, 1497-1560）德國宗教改革家，爲路德重要同志，趨於極端的不寬容。

⑪ 凱薩琳・德・麥地奇（Catherine de' Medici, 1519-1589）法后。爲義大利 Lorenzo II dé Medici 之女，嫁法蘭索瓦一世（Francis I）。當於次子查理九世（Charles IX）在位之時，彼以母后資格專政。因謀殺政敵科利尼（Coligny）不遂，乃引發聖巴多羅買大屠殺。

⑫ 伊莉莎白（Queen Elizabeth, 1533-1603）英后。其秉政時爲英國思想文藝最盛時期。態度主新教。

然而宗教改革於非其本願之中，卻於自由前途有所幫助。這種的結果是間接的，是延擱了許多時候的，是違反那些領袖的初心的。第一，西方基督教的大破裂，以多少神學的權威代替一個神學的權威，——我們可以說是以幾個神去替代一個上帝，——使一般宗教的權威，都受打擊而勢力減小。宗教的積習，因此打破。第二，新教的國家中，最高的宗教權都歸諸君主；而君主因須顧全他種利害，不能專顧教會的利害；於是政治原因，更遲早地迫他修正宗教的不寬容之原則。即屬舊教的國家，也受同樣的壓迫，不能不與絕對不容異端的天責離異。在法國的幾次宗教戰爭，竟使新教徒能夠得到有限度的寬容。以舊教大主教黎胥留（Cardinal Richelieu/ Armand Jean du Plessis de Richelieu）[13]而竟能採取幫助德國新教的政策，也可以表現世間的利害，損及宗教的信仰了。

還有一層，新教徒叛離舊教教會，所持的理由是個人對於眞理的信仰，有獨自取決之權；這就是宗教自由的原則。但是那班宗教改革家卻以爲這種權利只是他們有的；一旦把他們的信仰條規造成了，事實上他們就根本否認這種權利。這種辦法，是新教徒最不能自圓其說的；此項權利不因被他們一腳踢開，就此永遭壓迫。進一步來說，新教的主張，是建設在一個不穩固的基礎之上，沒有邏輯可以爲他辯護：他只是從一個站不住腳的地位轉入他個站不住腳的地位。若是我們還信權威，爲什麼只信奇軍突起的路德新教的奧格斯堡信條（Augsburg Confession）[14]，或英國國教（Anglicaism）的三十九信條（The Thirty-nine Articles）[15]，而不信年高德長的羅馬教會？若是我們決定反對舊教，則我們不能不用理性去反對；只是既然把理性引進來對於這件事施行職權了，爲什麼我們不能再進一步，只停止在路德、喀爾文或其他宗教改革家所停止的地方？我們既不信他們有何聖靈的啓發，則我們又豈甘自暴自棄？若是我們反對他們所曾經反對過的迷信，則除非爲尊重他們的權威起見，還有什麼理由可以阻止我們進而反對他們所保留的迷信？更有崇拜《聖經》一事所生的結果，是當年那班改革家所不及料的。⑯這種教會信條引爲根據的聖典，已成爲公共人人的書籍。雖然在十九世紀以前，不能說人人都讀，但是當年大家對於《聖經》的注意，是以前所沒有的。研究的結果，自歸於批評；於是啓示的信條中之困難，也漸漸覺得；弄到

---

⑬ 黎胥留（Cardinal Richelieu/ Armand Jean du Plessis de Richelieu, 1585-1642）法國政治家，爲舊教大主教。爲當年法國政治上勢力最大人物。

⑭ 路德新教的奧格斯堡信條（Augsburg Confession）爲路德及其新教徒一五三〇年在奧格斯堡召開會議時所發表，共十七條。起草者爲墨蘭頓。

⑮ 英國國教的三十九信條（The Thirty-nine Articles）於一五三九年由亨利八世所頒布。於一五四七年取消一次；一五五三年重行頒布，改爲四十二條；一五六三年仍減至三十九條；以後仍之。

⑯ 這種崇拜《聖經》所發生的危險，在德國卻有人覺得；當十七世紀的時候，德國的大學裡，很不鼓勵讀《聖經》。——原注

最後，《聖經》竟受殘酷無情的剖析分解，至少使他的權威，在有意識的信徒眼中看去，已經變了性質。這種《聖經》批評的步趨，大部分還在新教的空氣中履行。宗教改革運動把《聖經》另放在一種新地位上：這件事對於以後《聖經》批評的運動，是必須負一種責任的。所以從這幾方面說起來，新教運動可以算是到理性主義的一種過渡，對於自由的前途，不無貢獻。

對於自由作直接地而且有力地增進，在宗教改革的運動，卻存一派。這派在他派眼中，只是蔑神叛道的；而且許多講宗教改革運動的人，也永遠都不會想到他。我所指的是蘇西尼派（Socinian）[17]。關於他們深遠的影響，下一章還會說到。

宗教改革還有一個結果，應當提及：就是羅馬舊教現在為生存競爭的關係，發生了內部的振作。自保羅三世（Paul III）[18]起（一五三四年）繼續有一串教皇，熱心宗教，改組教廷，並整理財賦，圖數世紀的生存競爭。[19]如成立耶穌會，在羅馬設宗教審訊制，開特利騰大公會議（Council of Trent）[20]，實行出版品檢查（如「禁書表」Index of Forbidden Books）[21]等事，不但表現這種新的精神，而且是應付新環境的方法。此次改革後的教權制，誠然是將來舊教信徒的幸運；但是這種幸運，與我們無關。此處關切我們的，只因為這種改革的一個重要目的，是實行有力的壓制自由。吉羅拉莫．薩佛納羅拉（Girolamo Savonarola）[22]在佛羅倫斯（Florence）傳佈正當生活之說，竟被荒淫無忌的教皇亞歷山大六世（Alexander VI）[23]所殺（一四九八年）。若吉羅拉莫．薩佛納羅拉生在一個新時代，他也許被人封為聖哲；但在當時不但他被殺，並且焦爾達諾・布魯諾㉔也燒死了。

布魯諾一部分取伊比鳩魯宇宙無窮之說，建設一種宗教哲學。但是伊比鳩魯的唯物主義到他手上一變而為上帝是一切物質的靈魂之泛神的神祕主義。布魯諾不但承受被新舊教共同否認的哥白尼㉕地球繞日之新發現，而且更進一步以為恆星也是太陽，各自成立看不見的太

---

⑰ 蘇西尼派（Socinian）是由蘇西尼（Fausto Paolo Sozzini, 1539-1604）所建設的教派。其性質下章自有解說。

⑱ 保羅三世（Paul III）為一五三四至一五四九年間教皇。

⑲ 參看 Barry: "*The Papacy and Modern Times*"p.113 以後；此書即在 Home University Library 中。——原注

⑳ 特利騰大公會議（Council of Trent）第一次於一五四五年開會，繼續至一五六三年。其議決書為舊教教會中之信仰標準。

㉑ 禁書表，拉丁原名為"Index Librorum Prohibitorum"為羅馬舊教禁止流傳之書籍表，由特利騰大公會議擬定，經教皇批准，於一五六四年頒行。以後隨時增補。

㉒ 吉羅拉莫・薩佛納羅拉（Girolamo Savonarola, 1452-1498）義大利僧人及殉教者。

㉓ 亞歷山大六世（Alexander VI）為一四九二至一五〇三年間教皇。

㉔ 焦爾達諾・布魯諾（Giordano Bruno, C. 1548-1600）義大利哲學家，以主張並鼓吹哥白尼地動之說而被焚死。為以身殉學說最有光寵之一人。

㉕ 哥白尼（Nicolaus Copernicus, 1473-1543）波蘭天文學家。為近代科學革命之祖，首倡地動之說，故根據地動說而建設之天文系統，即名「哥白尼系統」。

陽系。他想把此說和《聖經》相立一個了解，只說照他的意見，《聖經》志通俗，所以當年不能不遷就流俗的偏見。他在義大利被疑爲邪說異端，乃避地而迭居瑞士、英、法、德諸國；於一五九二年被一個朋友所賣，誘歸威尼斯（Venice），爲宗教審訊法庭所捕。最後在羅馬判決死刑，於一六〇〇年在鮮花廣場（Campo de' Fiori）燒死。沒幾年前大家在那地方爲他建立豐碑，使羅馬教會憤嫉不安，但是沒有法子。

大家特別注重布魯諾的命運，只因爲他是世界上著名的一個人。固然當時他國沒有這樣一個著名的犧牲者，使人紀念如義大利，但是在他國爲了和正教意見不同而無辜流血的，也與義大利無甚差別。法國因爲亨利四世及大主教黎胥留與馬薩林（Jules Mazarin）[26]所主持的政府，比較能夠寬容，所以一直到一六六〇年，都比他國享受自由較多。但是在土魯斯（Toulouse）地方，於一六一九年一位有學問的義大利人范儀理[27]——他也和布魯諾一樣，周遊歐洲——以無神蔑教之罪受了裁判；他的舌頭被拔，他的肢體被燒。在伊莉莎白女后及詹姆士一世（James I）[28]統治下的英國，新教徒誅鋤異己的手段，急起直追，並不後於舊教的宗教審訊制。只是因爲一般被犧牲的都是沒沒無聞，所以這位女后對於信仰的殷熱，不公平地被人忌了。但是有一個當兒，她幾乎以殺一個名望不在布魯諾之下的持異說者成名。詩人馬羅（Christopher Marlowe）[29]以持無神論（atheism）的罪名被告，正待處分的時候，他在一個酒館裡面爲了一件亂七八糟的吵鬧，被人打死（一五九三年）。另外一個戲曲家——基德（Thomas Kyd）[30]——與馬羅同案的，乃遭非刑。同時華特・雷利爵士（Sir Walter Raleigh）[31]也以不信之罪受審訊，卻是不曾定讞。其餘的人就沒有他這樣運氣。就在伊莉莎白統治下，更有三、四個人爲作非基督教的主張，在諾里奇（Norwich）燒死，其中有一個是凱特（Francis Kett）[32]，曾作劍橋大學基督聖體學院（Corpus Christi College, Cambridge）中的講師。詹姆士一世喜歡親自弄這樣的事情：在他的統治下，萊蓋特（Bartholomew Legate）[33]以持傳染的危險思想被控，他把萊蓋特召來自己面前，問他是否天天禱告耶穌基督。萊蓋特回答道：「當他愚昧的時候，曾經禱告過，但是七年以內，永

㉖ 馬薩林（Jules Mazarin, 1602-1661）法國政治家，舊教大主教。繼黎胥留當國。

㉗ 范儀理（Lucilio Vanini, 1585-1619）義大利自由思想家，其著作常自署 Giulio Cesare。

㉘ 詹姆士一世（James I, 1566-1625）英王。

㉙ 馬羅（Christopher Marlowe, 1564-1593）英國戲劇家詩人。爲莎士比亞之友。

㉚ 基德（Thomas Kyd, 1558-1594）英國戲劇家，爲伊莉莎白時代文學界最重要之一人。

㉛ 華特・雷利爵士（Sir Walter Raleigh, C.1552-1618）英國詩人，歷史學家而兼探險家。

㉜ 凱特（Francis Kett）生時不詳，死於一五八九年，以異端罪。

㉝ 萊蓋特（Bartholomew Legate, 1575?-1612）主張耶穌亦是凡人，和彼德、保羅和他一樣，生下來同無原惡。於一六一二年在史密斯菲爾德（Smithfield）燒死。

不曾幹這樣無知識的事了。」詹姆士一世把腳向他一踢，怒道：「滾開去，下賤的東西，我不能讓後世說我宮殿裡蹲過七年不曾禱告過救主的人。」萊蓋特在紐蓋特（Newgate）監獄裡囚了許久，最後被宣告爲不可救藥的異端，於一六一一年在史密斯菲爾德（Smithfield）燒死。在他死後一個月，有一個叫愛德華・懷特曼（Edward Wightman）[34]的，也是以不合正宗的意見，在利奇菲爾德（Lichfield）被考文垂的主教（Bishop of Conventry）[35]燒死。也許這兩次燒死的極刑，震動了英國的輿論，所以他們竟成爲英國處異端以死刑的最後兩次案件。清教徒（Puritan）是以不能寬容著名的。他在一六四八年定下了一道關於宗教的法令，使凡有否認三位一體、耶穌神聖、《聖經》天授及未來天國之說者，一律處死；凡有持他項邪說亞於此者一律監禁。但是這種法令，卻並不曾產生出什麼死刑的案子。

在文藝復興時代，近代科學雖稍露萌芽，但中世紀反對研究自然的偏見，在十七世紀前還不曾消散，在義大利則消散更要遲緩。近代天文學史當始於一五四三年，因爲那是哥白尼發表地動著作的一年。這種著作的出現，是思想自由史上一件重要的事，因爲有他而後，科學與《聖經》所爭之點，才明白確定。爲哥白尼（正當他死的時候）編訂著作的奧西安德（Andreas Osiander）[36]預知這種學說要起激烈反抗的，乃在序言上假意地說，地動之說只是一種假設。這種學說出來以後，果然同爲新舊兩教所否認，並且即不曾受神學成見影響的人，——如哲學家培根（Francis Bacon）[37]——也不曾爲他所折服。到了義大利的天文家伽利略[38]經過多少實地的觀察，才把哥白尼的學說，不留疑義地證明。他的望遠鏡發現繞著木星的月亮；他從觀察太陽裡的黑子，證實地球的自轉。他自己處於佛羅倫斯的大公保護之下，沒有人能夠害他；他的學說在佛羅倫斯的教壇，卻早已判決死刑。「伽利略的人，他爲什麼總是站在望天呢？」當時他更被兩個道明會（Dominican）㊴的僧侶向宗教審訊法庭控告。聽得他的研究，在羅馬受教廷注意，伽利略於是親赴羅馬，自信能以明顯的哥白尼學

㉞ 愛德華・懷特曼（Edward Wightman）生時不詳，死於一六一二年，爲英國最末燒死的一個異端，持非三位一體之說。

㉟ 考文垂的主教（Bishop of Conventry）當時在職者爲理查德・內爾（Richard Neile, 1562-1640），於萊蓋特一案，彼亦是審判官之一。

㊱ 奧西安德（Andreas Osiander, 1498-1552）德國宗教改革家。哥白尼的著作《天體運行論》（*De revolutionibus orbium coelestium*）爲哥氏弟子雷蒂庫斯（George Joachim Rheticus）所刊行，被奧西安德加上一篇有害無益的匿名序，說哥氏之說，不過是假定性質。

㊲ 培根（Francis Bacon, 1561-1629）英國哲學家、政治家。倡歸納法，起反對亞里斯多德學派的革命，爲近代哲學先驅。

㊳ 伽利略（Galileo Galilei, 1564-1642）義大利天文家，亦實驗的哲學家。爲近代天文學及物理學的建設者。

㊴ 道明會（Dominican）爲聖道明（Saint Dominic, 1170-1221）的一派，致力於傳教。

說之眞理，折服教廷的權威；但是他沒有覺悟到神學所能夠的是在什麼地方。一六一六年二月，宗教審訊法庭的神聖司斷定哥白尼系統是愚妄不通，對於《聖經》更是異端邪說。大主教聖羅伯．白敏（Roberto Francesco Romolo Bellarmino）㊵受教皇的命令，把伽利略召來，正式警誡他放棄這種意見，以後不准再爲傳佈，不然則在宗教審訊制度之下，絕不留情。伽利略居然答應了。哥白尼的書也列入禁書目錄之內。伽利略自己的著作《日中黑子》（*Solar Spots*）一書，因爲沒有提到《聖經》，所以神聖司的命令中，關於這書不曾有什麼處分，以爲僅屬科學而不及神學的。

伽利略沉默無聲了一些時候，但是要他做啞子終究是做不到的事。新教皇烏爾巴諾八世（Urban VIII）㊶即位，其左右又有許多向伽利略表示善意的，於是他想稍稍得點自由。他希望免除麻煩，於是用一種迴避的法子，把新舊兩種學說相提並論，只裝作自己不敢輕下判斷。他取答辯的形式，寫了一本書就叫《關於托勒密和哥白尼兩大世界體系的對話》（*Dialogues*），論地爲中心與地繞日動的兩種學說系統；並在序上說明他的目的，只在表明贊成與反對兩方面的意見。但這種著作的根本精神，還是哥白尼式的。他居然如他所想，向神宮（Sacred Palace）主宮呂嘉底（Niccolò Riccardi）㊷神父得著允許，於一六三二年出版。哪知道出版以後，教皇大不贊成；於是指派了一個委員會檢查這本書；把伽利略交付宗教審訊法庭。已年老多病的伽利略而受盡種種侮辱，說起來實在令人心酸。若是法庭之中沒有一個人——這個人是馬可來諾㊸屬於道明會——也曾受過科學的訓練而能領略他的才力，恐怕比伽利略所受的待遇，還要嚴酷。當著受審查的時候，伽利略否認他在《關於托勒密和哥白尼兩大世界體系的對話》之中，曾持地動之說，而且說他曾經舉出許多理由，表明哥白尼之說不能圓盡。這個辯護是與序文相符，卻與他自己的深信相反。在那樣的法庭之下，這種只有學術能力而無英雄烈士氣概的人，也只得取此唯一的路徑。在較後一次審問的時候，他迫不得已，作不榮譽的供詞，說是他對於有些哥白尼方面的理由，不免注重過度，現在準備否認。在最後一次的審訊，他更受將用非刑的恐嚇。他於是說在一六一六年以前，他還主張哥白尼系統有辯護之餘地，但自此以後，他就相信地爲中心之說，是眞實的。第二天他就向公共鄭重宣言，否認他以前所證明的科學眞理。他才被允許退居鄉間，還以不見一人爲條件。臨死前幾個月，他關於這件事寫信給一個朋友道：「哥白尼系統之爲假，是無可疑的，對於我們這班舊教徒尤其是無疑的。不可否認的《聖經》權威；早把他否

㊵ 聖羅伯・白敏（Roberto Francesco Romolo Bellarmino, 1542-1621）義大利神學家、舊教大主教。

㊶ 烏爾巴諾八世（Urban VIII）爲一六二三至一六四三年間教皇。

㊷ 呂嘉底（Niccolò Riccardi, 1585-1639）曾被教皇烏爾巴諾八世任爲神學教授。神宮主宮拉丁原名爲 Magister sacri palatii。

㊸ 馬可來諾（Macolano）身世尚待考。

認了。哥白尼和他的徒眾牽強不備之說，被一個堅固的論點，一律掃除。這個論點就是，上帝無所不能的力量，在無窮的樣式之中，可以行所欲行。若是我們的觀察，偶爾發現了特殊的東西，我們也斷不能掣上帝之肘，而主持也許欺騙我們的東西。」他的言外機鋒，也就不問可知了。

傳授地動說的眞理，在十八世紀中葉以前，還不爲羅馬教廷所許；一直到一八三五年，伽利略的著作，還列在禁書目錄之內。這種的禁止，當然拘束義大利一切對於自然科學的研究。

教廷的禁書目錄，使我們想到發明印刷在思想自由的戰爭中之重要，因爲這種發明，能夠使新的思想，易於遠傳廣布。權威立刻覺著這種危險，採取壓制手段以應付此項新的利器，因爲他是理性有力的聯盟。教皇亞歷山大六世以教廷通飭，成立出版檢查法，反對任何不曾立案的印刷事業（一五〇一年）。法王亨利二世（Henry II）[44]亦定印刷不經官許，當處死罪的明文。德國的出版檢查法成立於一五二九年。在伊莉莎白統治下的英國，未經批准的書籍不得出版，而印刷處只限於倫敦、牛津、劍橋三處；出版法的執行權，操於特殊的最高法院（Star Chamber）[45]之手。在十九世紀以前，沒有一處的出版事業，是眞正自由的。

雖然當時宗教改革及整頓後的羅馬教會，都是文藝復興的反動，但是文藝復興所標出的主要變更——如個人主義，對世界的新知識態度及世間知識的培養——都是永遠存在的，於不相上下的新舊兩教不寬容中，仍領著大家，前赴自由的目的。怎樣理性與新增的知識，打翻神學權威的基礎，以下我們就可以看見。大凡每經一度哲學玄想、歷史批評與自然科學共同努力的步趨，理性與信仰中間對峙的鴻溝，就更深一步；不問是清晰的或含渾的懷疑，也就增加一點。自人本主義裡面引申出來的現世主義（secularism）——不問是隱或是顯，總常帶著懷疑主義的——以世間人類幸福的興趣，去代替來世幸福的興趣。隨著這種日進無已的知識前程，寬容也得著寸攘尺有的土地，自由也得著更多衝鋒陷陣的先鋒。這時候政治環境的影響並逼迫各政府採取緩和教中他派的手腕，以維持一派教義的偏安；由於政治上的權宜，宗教上的不容也就打破。這情形下的宗教自由是達到完全思想自由的一個重要階級。

㊹ 亨利二世（Henry II, 1519-1559）法王。

㊺ 星室法庭（Star Chamber）爲英王愛德華三世（Edward III）所設，有特別法權。至一六四〇年查理一世（Charles I）時由國會議決廢除。

第五章　宗教的寬容

當西元前三世紀時候，有一位印度王名阿育王（Asoka）①雖具宗教熱忱，卻帶寬容精神。當時印度兩派宗教——婆羅門教與佛教——互相水火不容，成為臨在他頭上的問題；他卻毅然決定在他的領土以內，兩派都享同等的權利、受同樣的尊重。他關於這件事的詔令，是世間所有存在的寬容法令之最早而可紀念的。至於在歐洲則一直到羅馬帝國停止殘害追究基督教徒的幾個詔令，寬容主張方才確定地表現出來。

十六世紀的宗教爭端，把寬容問題取近代形式提出。此後經過多少代，這問題都成為政治家的一個主要問題，且為無數爭辯小冊子的集中點。宗教寬容只是不完備的宗教自由。它的程度，也有各有高下。這種寬容，也許僅給予基督教中的幾個支派；也許雖給予基督教的全體，但不屬基督教者不給予；也許及於一切的宗教，但不屬於任何宗教的自由思想者分不到；也許推到持自然神論者而臨不到持無神論者。它又也許僅指不剝奪幾種公權而言，並不指他項權利；也許說是在公共機關中服務不因宗教關係而遭屛斥，至於他種職業範圍以內卻不能相提並論。現在西方各國中所享受的宗教自由，是經過以上種種不同的寬容階級得來的。

推求近代的寬容主張，我們當溯自一組否認「三位一體」而建設「一位論派」（unitarianism）之義大利的宗教改革家。當年宗教改革運動雖已布滿義大利，但羅馬教權很能奏壓制的膚功，於是許多與正宗持說不同的人，紛紛逃往瑞士。而反對三位一體派在瑞士又不容於喀爾文而逃往外西凡尼亞（Transylvania）與波蘭（Poland），於是在那裡傳佈他們的主張。「一位論派」的教義，由蘇西尼（Fausto Paolo Sozzini 通常稱作 Socinus）型範而成。在這一派的傳習錄（一五七四年）裡面，宗教的殘迫，是認為絕對不當的。反對因宗教的利害而施強力，是蘇西尼派學說自然的結果。因為不同路德和喀爾文一樣，蘇西尼派對於解釋《聖經》，尚給行使個人判斷以充分迴旋的餘地；他們為主張上的一貫起見，且並不以自己本派的教義，強加在他人身上。換句話說，在他們的教義裡面，理性的成分極強：這是三位一體的教義裡所沒有的。

在蘇西尼的精神影響之下，卡斯特留（Castello）②乃以一本小冊子大為寬容鳴笳揚號，以作先驅。他以這本小冊反對塞爾韋特的燒死，而賺得喀爾文怨毒的深恨。他主張人的信仰縱有錯誤，亦非罪惡；並且嘲笑教會對於一些本身就不分明的問題，如前定之說及三位一體的信仰，偏加以失當的注重。他說：「去討論上帝法律與基督福音的區別，去討論無端的因宗教而獲免罪，或是去討論強為依附的先天正義，宛如討論一個王子是騎馬或是乘車，是穿白或穿紅一樣。」③若殘迫是宗教的必須部分，那宗教本身就是禍毒。

---

① 阿育王（Asoka）印度皇帝，佛教徒。於西元前二六四至二二八至二二七年在位。

② 卡斯特留（Castello, 1515-1563）人本主義者、神學家，精於古代文學。其反對塞爾韋特燒死的小冊子，拉丁原名為 Martinus Bellius，以假名發表《論異端》（*De haereticis*）。

③ 照 Lecky 譯文。——原注

蘇西尼派和受他影響的人，被逐於波蘭，流徙到德意志及荷蘭境內；他們曲高和寡地提倡寬容，爲時很久。以後重浸派（Anabaptist）[4]和荷蘭新教教會中亞米念派（Arminianism）[5]，都採取他們的主張。英國公理會（English Congregationalists）[6]的建設者——他以後託名獨立派（Independents）[7]在英國清教徒革命（Puritan Revolution）和克倫威爾（Oliver Cromwell）[8]共和政體的變革期間，有重要的活動——就是從荷蘭學來良心自由的主張。

蘇西尼以爲這種主張，不一定要廢除國教，方才可以實現的。他設法要使國家和當時盛行的教會，能密切聯合，而同時還對於他種教派能完全寬容。現在歐洲各國的宗教自由，就是依著他的這種制度（後來稱作法律規定制 Jurisdictional 制）實現。但是還有他種更簡單的方法，就是把教會與國家分開，使一切宗教處於同等地位。對於這種解決的辦法，重浸派似乎更覺得情願。他們當時厭惡國家，並不以宗教自由之說爲貴。不過他們理想的制度，還是一種非浸禮主義者的教權制；政教分離，不過是「此而不得乃取其次」罷了。

在當時歐洲，不但最有勢力的宗教支派，認寬容爲惡意的放縱，就是輿論對於政教分離一層，也並未成熟。十七世紀大西洋那面的新世界裡，有一小角地方實行的制度，即可表現這種狀態。因爲不能受國家與國家教會之不寬容而逃開英國的清教徒，在美洲新英格蘭（New England）建設殖民地以後，把自己受過的痛苦忘記了；對付他派，同當年敵人對他們一樣地不能寬容——不但不能寬容英國國教徒（Anglicans）[9]和羅馬舊教徒（Catholics）[10]，而且不能寬容浸禮會徒（Baptists）[11]與教友派信徒（Quakers）[12]。他們建設了好些教權制的政府；和他們不同派的，一律都遭排斥。羅傑・威廉士（Roger

---

④ 重浸派（Anabaptist），此派起於路德宗教革命之時，其領袖是 Thomas Müntzer, Nicolas Storch, Mark Thomas Stübner。此名爲反對派所贈，意即重行受洗。因此派主張幼時受洗的不能稱爲受洗，以後當重受。

⑤ 亞米念（Jacobus Arminius, 1560-1609）爲荷蘭修正的新教派之領袖。

⑥ 英國公理會（English Congregationalists）此爲基督教會中之一派，主張地方教會爲獨立自治團體者。代表教會組織中一種民治的趨勢。（日本譯作「僧正派」）。

⑦ 獨立派（Independents）即上述地方教會派之別稱；自十七至十八世紀末葉，獨立派之名稱流行於英國，但不及美國。以後兩處均用地方教會派之名。

⑧ 克倫威爾（Oliver Cromwell, 1599-1658）英國大政治家，清教徒革命時之狄克推多（獨裁者）。

⑨ 英國國教徒（Anglicans）係指改革的英國國立教會（The Reformed Church of England）中之分子。雖持「高派教會」或贊成舊教教會的主張，但主張組織上與羅馬完全獨立。中國譯作聖公會。

⑩ 羅馬舊教徒（Catholics），即直轄於教皇之正宗派。本書或譯作舊教徒，或羅馬舊教徒，二者通用。

⑪ 浸禮會徒（Baptists），新教中之一派，主張以推人入水中或澆水於其頭上爲正常受洗禮者。

⑫ 教友派信徒（Quakers），Quaker 之名起於一六四七年，爲嘲笑教友派（Society of Friends）中人之綽號。Quake 本意爲震動，所以表示其宗教感情發動時之情形。以後沿用，完全失去嘲笑之意。

Williams）[13]滿具從荷蘭亞米念派得來的政教分離觀念。他因這種異說，被逐出馬薩諸塞（Massachusetts）；於是自己另去建設了一個普羅維登斯（Providence）殖民地，做那些受新教徒殘迫者的逋逃之藪。在此地他定了一種民治的憲法，規定地方官吏只有處分民事而沒有干涉宗教之權。同樣的市區，也在羅德島（Rhode Island）繼續成立，一六六三年向英王查理二世（Charles II）[14]領到證書，批准這種憲法；使該處所有的基督教徒，不分派別，一律享受完全的政治權利。不是基督教徒，也被寬容，只是不能享受基督教徒所享的政治權利。就這點而論，在這新政府之下，並不能說是有完全的自由。但不久猶太人也能被允做完全的公民，實在可以表現這個新國裡面，是種什麼空氣。建設第一個眞能寬容而使地方政府完全不牽涉宗教事項的近代國家：這件光榮，當然是屬於羅傑．威廉士的。

在馬里蘭（Maryland）舊教徒的殖民地裡，雖然所取的形式不同，寬容卻也正式成立。由於巴爾的摩爵主（Lord Baltimore）[15]的影響，一六四九年這地方的議會居然通過一件寬容法案，可以說是第一件經法定議會通過賦予一切基督教徒以完全自由的法案。凡是公認信仰基督的人，不問所屬的宗派如何，一概不受危害。但是在這範圍以外，法律就重不可言。任何人如敢侮蔑上帝或三位一體中之任何一位，便處死刑。因爲在馬里蘭有這種對於基督教徒的寬容，所以雖是舊教徒建設的殖民地，新教徒卻紛紛地從微吉尼亞（Virginia）遷來；結果使新教徒反占多數。但是一到新教徒占了多數，可以左右政治了，他們就立刻喧賓奪主，背道而行。於一六五〇年他們通過一條法案，把舊教徒（Papists 此謂羅馬教皇派，但就廣義而言舊教徒皆是歸心羅馬教皇者）和主張教長設治派（Prelatists）[16]都排斥在受寬容者之外。一六六〇年巴爾的摩仍然恢復舊治，宗教自由也一道恢復；但威廉三世（William III）[17]即位以後，新教徒重新當權；舊教徒在馬里蘭建設的寬容，也就告了終結。

我們可以看出來，在以上所說的兩處，自由都是不完備的；但是比較起來，在羅德島所建設的自由，範圍要大一點而性質也要基本一點。因爲在那地方的自由，是從蘇西尼派學說裡面發展出來的。[18]當美洲各殖民地離開英國獨立的時候，他們的聯邦憲法是絕對只及民政而不涉宗教的；政教是否分離的問題，讓各邦自己斟酌情形去解決，與聯邦憲法無關

---

⑬ 羅傑・威廉士（Roger Williams, C. 1604-1684）爲北美羅德島殖民地之建設者，亦主張宗教自由之先驅。

⑭ 查理二世（Charles II, 1630-1685）英王。

⑮ 巴爾的摩（Baron George Calvert Baltimore, C. 1580-1632）於一六二一年在紐芬蘭（Newfoundland）建立殖民地。現美國馬里蘭州（Maryland）之都城巴爾的摩（Baltimore）即用其名。

⑯ Prelate 意即教會中高級執事。於英、德等國改革後的教會中仍應用。

⑰ 威廉三世（William III, 1650-1702）英王。

⑱ 完全地寬容，於一六八二年由彭威廉（William Penn）在賓夕法尼亞州（Pennsylvania）建立成功。——原注

（一七八九年）。各邦採取分離的政策，大概是因爲在他種制度之下，政府難於使各派互相寬容。但是我們不可抹煞，在美國政教分離的制度雖被採取了，然至今於馬里蘭和南方幾州中，持無神論的還是不能享受完全的政治權利。

若是英國的基督教獨立派能自由當權，也許在革命的民治政體下，也會試行政教分離的制度。但是這種政策，被克倫威爾壓住了。新的國立教會裡面，包括得有長老派（Presbyterians）[19]、浸禮派與獨立派；只除舊教徒和英國國教徒，信仰自由權是推給一切基督教徒的。幸而當年的國會還沒有充分權力，不然這點自由權也將有名無實。因爲新國立教會中的長老派，就認寬容是魔鬼的事業；他們苟有權力，便當殘迫獨立派。但在克倫威爾的獨裁政治之下，他們無法可想，所以不但獨立派可以過和平的日子，就是猶太人也得著寬容。當這時候，持大體的理由以主張寬容的呼聲，四處紛起。[20]最著名主張寬容而認爲教會不當涉及政治的人，就是詩人米爾頓（John Milton）[21]。

在米爾頓的《論出版自由》（*Areopagitica: A Speech for the Liberty of Unlicensed Printing*，一六四四年）裡，出版自由得著極動人的申說；其辯難點不但是對於出版自由，並且是對於思想自由的大體，都是眞切有效的。他指出檢查出品的結果，不僅「使我們的能力對於已有的知識不能運用因而挫鈍，並且將來關於政治和宗教的智慧，也被阻礙摧殘，不能再有新的發現：兩路夾攻，遂使一切的學問短氣，所有的眞理停頓。」因爲知識的進步，是從發表新的意見裡面來的；而眞理的發現，尤靠自由討論。若是眞理的潮流「不永久地前進，便積成遂俗同眾的淤池。」經過檢查而後出版的書，最易流入培根所謂「只是應時的語言」，於進步的程序中是沒有貢獻的。那些檢查出版品最嚴的國家所供給之榜樣，絲毫不足示人以此項檢查對於道德是有用的：「且看義大利和西班牙，自從宗教審訊法庭雷厲風行的處分出版品以來，大家何曾更變得良好一分、誠實一分、聰明一分、貞潔一分？」不過西班牙的回答也許是「其餘的我們都不在乎，我們所注重的只是要越合正宗越好。」若是所見如此，那我們也無可如何了。米爾頓把思想自由放在政治自由之上，也是很可注意的。他說：「在一切他種自由之上，先給我自由去知、去說、去辯，純粹依著良心而不受任何束縛。」

自英國復辟與恢復國立教會以後，宗教自由也跟著一串反對不從國教者的法律而消滅。我們最受賜於革命的是一六八九年所定的「寬容法案」（Toleration Act）；至今英國所享

---

⑲ 長老派（Presbyterians）基督教中一派，其組織以長老當權，近於貴族政治。

⑳ 尤其可注意的是這兩種著作：Chillingworth's: "*The Religion of Protestants*"（1637）與 Jeremy Taylor's: "*The Liberty of Prophesying*"（1646）。——原注

㉑ 米爾頓（John Milton, 1608-1674）英國大詩人。曾助克倫威爾參加政治運動。其長詩"Paradise Lost"及"Paradise Regained"為英文學中重要作品。

的宗教自由，都是從這裡引申出來，這件法案給所有的長老會徒、公理會徒、浸禮會徒與教友派信徒以信仰自由；但是只到這幾個支派爲止，舊教徒與一位論派都是明定在排斥之列。以後查理二世壓制的立法，也是仍依著舊貫。這種辦法，邏輯上是不通而難自圓其說的；把寬容與不寬容混爲一爐，但是能適於就地的情形和當時的輿論——這眞是英國式的立法了。

在同一年中，洛克[22]著名的第一篇《論寬容》（*A Letter Concerning Toleration*）用拉丁文出版。之後更有三篇《論寬容》發表，繼續發揮前書的意思。他主要的立論之點就是：政府的職務與宗教絕不相關。國家只是一個社會，組織了去保持增進其中各個分子的政治利益。所謂政治利益就是生命、自由、健康和財產的享有。個人靈魂的事，用不著守令來管，和用不著任何人來管一樣。政府當局只能用外界的力，眞正宗教要在說服內部的心。心的信仰，卻是不可強迫的。國家定法律去強布宗教，實屬愚妄不通，因爲法律離開了刑罰，便屬無效，而刑罰只能攻身而不能攻心，所以也一無是處。

更進一層說，縱使刑罰能改造人的宗教信仰，也不能遽引爲可以拯救人的靈魂。難道每個人盲目地抛了自己，去服從統治者的意志而承受國家的宗教，就可以得救嗎？世界上君主所信的宗教不同；在各人的統治下只能有一種宗教是對的。所以從這一國的人看去，只有他們能隨著他們的君主得救，至於其他各國的人，只是隨著其他各國的君主入於毀滅的境界；「人人以自己永久的快樂或苦痛，只隨其所生之地域而定，實在是最愚妄難通，並且是最不合於上帝的觀念。」這個主張，就是洛克再三申說的。若是國家都應強頒一種宗教的信條，使於人民，自然從頒者看去，是唯一眞的；世間哪有許多東西是唯一眞的，所以除了在一、兩國中或有眞的信仰流傳之外，其餘總有假的；雖明知是有假的，然各處人民因國家頒定的關係，又在各處都有信從的義務：按照頒定國教之說推去，其情形勢必如此。他們不知道如新教可以藉國家的勢力在英國發展，舊教也可以用同樣的方法在法國勝利。其實眞理本來不分政治或地理的區域，要藉漠不相關的強力來扶植的。「在英國是眞是善的，在羅馬、在日內瓦，即便在中國，也是眞是善的。」所以只有寬容這個主張，能夠給那果眞的信仰，以最好傳播的機會。

對於崇拜偶像的宗教——指北美紅印度人的宗教——洛克尚欲予以充分自由；他對於歐洲去的人，徒以自己宗教熱忱，去強迫那些「無辜的異端」放棄原有的宗教之舉，加了些嚴重的批評。但是他寬容的主張，雖已推及基督教之外，卻還是不完備的。首先他把舊教徒就除出被寬容之列。他排斥舊教徒，卻不是因爲他們宗教本身的信條，乃是因爲他們「主張信

㉒ 洛克（John Locke, 1632-1704）英國哲學家，爲近代經驗派哲學及認識論之建設者。其《人類理解論》（*An Essay concerning Human Understanding*）一書爲哲學界重大著作。洛克於政治學說的貢獻極多，影響近代民治。

仰不能與異端並在」，主張「君主被教皇削籍以後，王位和國土都當一律喪失」，並將他們自身託庇於一個外國君主——教皇——之下，爲他宣勞。換句話說，因爲他們在本國的政治上有危險。洛克更認爲在寬容範圍以外的，就是無神論者。「那否認有上帝的，絕對不能受寬容。然而，契約、誓言，這些保持人類社會的綱維，對於無神論者都沒有束縛。只要把思想裡的上帝拿開，什麼事都解體了。無神論既然毀棄一切宗教，他們便沒有權力藉宗教名義，來以受寬容的權利爲要求。」

照此看來洛克還不能脫除他那個時代的偏見。此項除外，和他以下自己所主張的不能相容：「相信這個或那個，並不靠著我們的意志；對於我們力所不及的而以法律來命令，不通孰過於此。」這個原理，可以應用於舊教徒，也可以應用於新教徒；可以應用於自然神主義者，也可以應用於無神論者。但是洛克竟將最後者除外，或者以爲當時不經見的無神論之玄想，是由意志而發的，也未可知。在洛克主張的政制之下，和他同時的大哲學家斯賓諾莎（Spinoza）㉓恐怕是不能見容的了。

不問這些缺陷，洛克的《論寬容》是有最高價值的著作；他的立論，能引我們比著者更進一步。這書極端發揮政治的而非宗教的主張；邏輯上他的目標，就是廢止英國國教。洛克認爲教會只是「一個自由和自動的集會」。我們更可以注意他這點批評：若是不信的人可以強力逼轉過來，那當然讓上帝「用祂的天將天兵，比任何有力的教徒用盡所有的連騎精甲容易。」這句格言，與提庇留皇帝的格言相似（參看第二章），不過說的詞鋒更要婉轉一點。若是假的信仰對於上帝是種冒犯，那也是上帝自己的事，與我們何關。

對於不奉英國國教者所施的寬容，是國教徒最不滿意的。當十八世紀之初這一派的影響，頗危害不奉國教者的自由。這種情形，惹動了文學家狄福（Daniel Defoe）㉔，因爲他是一位極不崇奉英國國教的人。他寫了一本小冊子，叫做《消滅不同教派的捷徑》（*The Shortest Way with the Dissenters*，一七〇二年），以諷刺的論調，有意作攻擊宗教寬容的反面話。這書假認不奉國教的是澈底不可救藥的叛徒；主張和緩的政策是沒有用的；建議凡是召集會議而發不奉國教議論的，一概處決死刑，凡是參與此項會議的，一概加以放逐。這種極有趣而像是極誠懇的諷刺，處處射著英國國教派的心理。不料非國教派的人最初卻沒有看透著者的用意，爲之大驚。但是後來卻惹怒國教派了。狄福不但受罰，而且遭三次的枷栲示眾，囚入紐蓋特監獄裡。

㉓ 斯賓諾莎（Spinoza, 1632-1677）荷蘭籍的猶太人，重要哲學家。本精於數學，轉入哲學。初放棄猶太教，後並放棄基督教而立泛神論，以數理哲學爲根據。他同時爲兩教所不容，生活極孤寂。其重要著作爲"*Ethics*"一書，雖以倫理命名，實爲整個的玄學系統。

㉔ 狄福（Daniel Defoe, C. 1659-1731）英國文學家，其一生著作極大，家傳戶誦者爲《魯濱遜漂流記》（*Robinson Crusoe*）。

這種王黨的反動，經過時間並不甚久。在十八世紀已有的基督教各支派中，比較的寬容空氣已盛，新的支派，也陸續成立。國立的教會不如以前的愚妄而好滋事；許多領袖的教士，也漸受理性派思想之薰染。若是不由於喬治三世（George III）[25]的反對，那就不須等到十八世紀末葉，舊教徒早經平等待遇，不受特別的拘束了。這種寬容的政策，經伯克（Edmund Burke）[26]議論風生的鼓吹，和皮特（William Pitt the Younger）[27]殷殷地期望，等到一八二九年方才能夠實現，那時候還因爲受到愛爾蘭革命的恐嚇。在這當中，一位論派已得法律上正式的寬容（一八一三年）；不過還受種種限制，一直到一八四〇至一八五〇年之間乃完全解除。到一八五八年在英國的猶太人才能享受完全的英國公民權。

在十九世紀的英國裡，宗教自由能有這種造就，主要的功勞，當歸於自由黨的分子。自由黨自古以來的政策，就在完全實行民政化，而把教會與政府以分離——這是洛克政治學說邏輯上當有的結論。一八六九年英國國會通過廢止在愛爾蘭建設教會一案，頗能達到這個政治目的的一部分；此後四十年以上的功夫，自由黨都費了勁去推用這種主張到威爾士去。實行一種改革，常是零零碎碎，得步進步的，實爲英國政治和英國人心理的特性。在英國各殖民地的制度之下，政教都是分離的；政府和任何宗教的支派，沒有關係；教會不過是一種私人自動的結社。即有形式的國家教會制度，世間化也還是進行無礙。一八七〇年英國的教育法案（The Educational Act of 1870）和一八七一年大學廢除宗教試驗的法案，都是可以注意的。至於他項關於自由的增進，我在另外論理性主義的進步一章裡面，還會說到。

若是我們以法國十七世紀和十八世紀的宗教情形相比，就可以看出他和英國的完全不同。在這個期間，宗教自由在英國是進步的，在法國卻只見退步。一直到一六七六年法國的新教徒（胡格諾派 Huguenots）㉘早已受到寬容，但此後一百年間反成化外，爲法律所不保護。不過他們以前所受的寬容——根據南特敕令（Edict of Nantes，一五九八年）㉙而得到的——也是很有限制的。譬如他們不能服軍役，不准在巴黎和其他幾個城市裡居住。然而這種有限制的自由，還只有他們享得著；其他的基督教派別，並此亦屬無分。當路易十三

㉕ 喬治三世（George III, 1738-1820）英王。

㉖ 伯克（Edmund Burke, 1729-1797）英國政治家，於政治思想貢獻頗多。

㉗ 皮特（William Pitt the Younger, 1759-1806）英國極著名之政治家。任首相極多成就。爲 William Pitt, Earl of Chatham 之子，所以人多以小皮特呼之，以示別。政蹟極多，不及述。

㉘ 胡格諾派（Huguenots）爲十六世紀中葉法國新教徒之通稱。新教徒呼舊教徒爲 Papistes，舊教徒呼新教徒爲 Huguenots。其源於法國新教徒常集合胡格門（Gate of King Hugo）前，故以此得名。

㉙ 南特敕令（Edict of Nantes）爲法王亨利四世（Henry IV）於一五九八年四月在南特（Nantes）所頒，賦予法國新教徒以宗教自由。此敕令爲三十五年內爭後之結果。條文共九十五。

（Louis XIII）[30]和路易十四（Louis XIV）[31]在位，兩個有名的大主教——黎胥留與馬薩林——當權的時候，這種敕令還被誠懇地遵守；但是一到一六六一年路易十四自己積極地行施政權以後，他就立即定了一串反對新教徒的法律；到一六七六年索性把以前所說的敕令取消，開始對於新教徒實行殘迫。

法國教士假奧古斯丁的權威，引了「強迫他們進來」一句話，作他們實行這種政策的藉口。此項理由，惹動一位逋逃在荷蘭的法國新教徒貝爾（Bayle）[32]起來爲寬容辯護。他的一種著作，就叫「強迫他們進來」這句原文的哲學按語（Philosophical Commentary on the Text "Compel Them to Come In"，一六八六年）；這種著作與同時洛克的著作，論起重要來，可以並駕齊驅。兩位著者所持的理由，有許多是相同的。有趣的是他們持同樣的理由，主張舊教徒當在不受寬容之列。貝爾的著作裡最具特色的就是他這種懷疑的態度：說是縱然以強力禁制謬誤流傳是對的，但並無確定的眞理，去爲我們應用這種主張作根據。這位著名學者對於理性主義的貢獻，我們在下一章可以看到。

縱有許多新教徒逃開法國，路易十四對於剷除境內異說的計畫，並不曾收效，在十八世紀路易十五（Louis XV）[33]的統治下，新教徒雖然仍不屬法律的保護之下，但是允許在法國居留。他們的婚姻仍不爲法律所承認，而且他們隨時可以受著殘迫。到這世紀的中葉，乃起了一個文字的宣傳運動，由一班理性主義者主持的；最後開明的舊教徒也加入贊助，以救助受壓迫的教派。最後釀成一七八七年的「寬容法令」（The Edict of Toleration）[34]，雖然也還排斥新教徒於幾種事業之外，卻使他們的地位可以將就過去。

在這反對非寬容的運動中，最能幹而最有力的領袖就是伏爾泰[35]——參看下章——他暴露幾件極不正當的殘迫案件，對於此項目所收的效果比任何一般理論的爭辯爲大。這些案件中最不名譽的，就是讓・卡拉斯（Jean Calas）一案。讓・卡拉斯是土魯斯地方一個信新教

㉚ 路易十三（Louis XIII, 1601-1643）法王，亨利四世之子。

㉛ 路易十四（Louis XIV, 1638-1715）法王，爲法國君王中之最著名者。

㉜ 貝爾（Pierre Bayle, 1647-1706）法國哲學家及批評家。其重要著作爲《歷史批判辭典》（*Dictionaire Historique et Critique*），於哲學方面極注重。一六九五至一六九七年出版，一七〇二年擴充。

㉝ 路易十五（Louis XV, 1710-1774）法王。

㉞ 一七八七年寬容法令，是讓・卡拉斯案產生時一班文人宣傳，激動公憤之結果。此令保證胡格諾派公權，並承認其婚姻在法律上有效。當時最盡力此事的爲伏爾泰（Voltaire）、貝爾（Bayle）、Lafayette, Rabaut Saint-Etienne 諸人。

㉟ 伏爾泰（François Marie Arouet de Voltaire, 1694-1778）其眞名僅 François Marie Arouet，伏爾泰（Voltaire）爲其著作時之託名。法國哲學家與文學家，爲推廣近代精神的急先鋒，大陸啓明運動的重鎭。其著作多不勝舉，其中以《哲學通信》（*Lettres philosophiques sur les Anglais*）影響最大。

的商人。他的兒子自殺了。於是流行一種報告，說是他的兒子決意要信舊教，他的父母兄弟都充滿了新教愚妄的虔誠，得了一個朋友的幫助，把他謀死。他們都上了鐵刑具，受審判定罪了；只是除宗教愚妄的虔誠之臆斷之外，並沒有其他的理由可以成立罪名。讓・卡拉斯死於鐵輪之下，他的兒女發入僧尼寺中，他的妻子留在外面凍餒。伏爾泰當時住在日內瓦附近，大爲不平；由他的力量，把這寡婦弄到巴黎。他在巴黎得了著名律師的援助，並且頗受一般人的優待。於是起了一種法律的手續，把土魯斯的判決翻案，由法王給予受害人的贍養金。照伏爾泰所說，這種可恥的事，當時只能在外省發現；「至於在巴黎，雖然強而有力的宗教狂悖主張還在，卻是常受統治於理性。」

帥爾文（Pierre-Paul Sirven）一案，雖然結果不到這樣悲慘，但性質卻是一樣。這件案子的責任，又是土魯斯政府所不卸脫的。帥爾文被控，說是他因爲要不許女兒作舊徒，把他淹死在井裡。於是他和他的妻子，都判決死刑。幸而他同家庭一道逃到瑞士，把無辜受冤的情形，說動了伏爾泰。費了九年的功夫，才把這件案子翻過來，並且這次居然辦到在本地翻案。一七七八年伏爾泰到巴黎，萬眾爭迎，叫他做「讓・卡拉斯和帥爾文的擁護者」。他這種不問個人利害反對殘迫的實際活動，比他關於讓・卡拉斯案而著的《論寬容》（*Toleration*）一書，有價値多了。這種著作，比起洛克和貝爾的來，實在不能算好。他在這本書裡所主張的寬容，也是很有限制的；他還是要把一切公共的官職和尊榮，限於奉國教的才能享受。

伏爾泰所主張的寬容固然有限，但是比起同時盧梭[36]所主張的宗教制度來，還要算是寬的。盧梭雖然是法國文學和歷史裡的人物，卻生於瑞士；他在喀爾文勢力下日內瓦所受的薰陶，對於他的主張不無影響。他理想的國家，如果成立起來，不比任何教權政府會好。他建議設一種不屬教會而屬公民的宗教（Civil Religion），只是一種不守武斷信條的基督教。其中也有一些他認爲不可少的信條，要強迫人民遵守，不然則恫嚇以放逐之苦。這些信條，都是如相信一神的存在、未來懲惡賞善的裁判，和對於相信這些基本信條者的寬容。也許可以說，建設在這樣基礎上的國家，也很能兼容並蓄，如所有基督教的各派和許多持自然神論者，都可以在裡面有一個地位。但是既說寬容，又要定多少認爲不可缺的信條，強迫要大家承受，實與寬容主張衝突。然而盧梭這個思想，卻很重要，同爲法蘭西大革命時候的宗教政策，有種種實驗，其中有一個是受盧梭影響而來的。

大革命造成法國的宗教自由。革命領袖，大都是不信基督教正宗的。當時的理性主

---

[36] 盧梭（Jean Jacques Rousseau, 1712-1778）生於瑞士日內瓦，屬法國國籍。爲近代思想的先驅；於哲學、教育及社會運動的學理方面，均有重大貢獻。燃著世界革命火種者爲《社會契約論》（*The Social Contract*）；開近代教育的先河者爲《愛彌兒》（*Émile*）；描寫其理想家庭者爲《新愛洛伊絲》（*Julie, ou la nouvelle Héloïse*）。其《懺悔錄》（*Confessions*）尤富文學價值。

義，自然是十八世紀式的。在一七八九年《人權宣言》（*Declaration of Rights*）[37]的導言裡面，居然有自然神論的主張。如「今於最高的萬有之前及其監臨之下」數字，即其表現（當通過時只有一個人抗議用這幾個字）。這宣言定下原則：只要不因宗教意見而擾亂公共秩序，則無論那個不因宗教信仰而生麻煩。舊教仍認為「占優越地位的」宗教；新教徒則已允在公共機關任職（猶太人卻還不被允許）。當時最大的政治家米拉波（Comte de Mirabeau）[38]主張更要澈底；他並且反對用「寬容」、「占優越地位的」種種字樣。他說：「極端無限制的宗教自由，從我的眼光看來，是神聖不可侵犯的權利；若要用寬容這個名詞去表現他以做不寬容的對待，我以為不啻是以暴易暴，因一件事等到要受人家的寬容了，就也可以受人家的不寬容，還是同樣乞憐的生活。」後兩年，潘恩（Thomas Paine）[39]在他的《人權論》（*Rights of Man*）一書裡面，也做同樣的抗議。他說：「寬容並不是不容易的對抗，只是他的託名。兩個同是專制魔王，一個是自認不慚的以為有禁止他人良心自由的權利，一個是同樣不慚的以為有給予他人以此項自由的權利。」潘恩是一位熱忱的自然神論者，所以他又加上說：「若是在任何國會裡面，提出一件議案，稱為『寬容或給予上帝以承受猶太人或土耳其人崇拜自由案』，或是『禁止上帝承受此項崇拜案』，大家一定大驚失色，以為侮蔑上帝。反對的聲浪，一定鼎沸。揭開假面具說，所謂宗教寬容的根據，何曾不是這種性質。」

法蘭西大革命開始的時候，舉措很不壞；但是米拉波的精神，以後未能得勢。一七八九至一八〇一年間，宗教政策常是舉棋不定，很有特殊的興味，因爲這足以表現即在那班以推倒不寬容的政府而自豪者之心中，良心自由的主張還遠非根深蒂固。一七九〇年「教士的公民組織法」（The Civil Constitution of the Clergy）重組國家教會，禁止法國公民承認教皇權威；使任命牧師之權歸於當選各部委員，因此把國王重要的勢力移諸國民。教義和崇拜

㊲《人權宣言》原名爲"*Déclaration des Droits de l'Homme et du Citoyen*"爲一七八九年法國革命時，國民議會（Assemblée nationale）所頒布，用以定憲法性質者。其內容凡十七條，並一導言。

㊳米拉波（Comte de Mirabeau，本名爲 Honoré Gabriel Riqueti, 1749-1791）法國政治家。

㊴潘恩（Thomas Paine, 1737-1809）生於英，遷於美，爲國會議員於法，後歸於英，所以他的國籍是很難說的。總之國籍對他是沒有多大關係，他是爲各處人類爭自由而肯親身去作戰的人。美國革命起，他加入Green 軍中。其時獨立軍一步一步地失敗，潘恩著論鼓勵，士氣大振。他於美國獨立成功，貢獻極大。後又赴法國參加大革命；被選爲國會議員。因不贊成恐怖政策，並投票反對判決路易十六死刑，被囚。羅伯斯比爾倒，潘恩乃出獄，回美國。那時候他的《理性時代》（*The Age of Reason*）已出版，美國因其反對基督教上帝，乃不念前勳，極力反對，使他棲棲莫容。一八〇九年六月死於紐約。一八一九年他的朋友William Corbett 運他的骨骸歸葬英國，英國人竟不許他安葬，骨遂四散。這是基督教對於一位眞能，爲人道作戰者的恩惠。

的本身問題，卻不曾問到。一七九二至一七九五年君主政體傾覆，民主的共和政府繼起，仍然維持著這項憲法；但是把法國化成非基督教國的運動，開始實現。巴黎市政府命令各教教堂，一律停閉。在巴黎和各省，都作「理性」的崇拜，其儀式跟隨舊教的規模。政府雖然極端地反對舊教，卻不用強力去剷除流行的信仰，因爲直接的宗教殘迫，不但會遺全歐以話柄，而且會減少國防的實力。他們只是天眞爛漫地希望宗教迷信，終會漸漸消滅。羅伯斯比爾（Maximilien François Marie Isidore de Robespierre）[40]宣布反對把法國化成非基督教國的政策；當他秉政的時候（一七九五年四月），建設一種崇拜「最高的萬有」之國家的宗教。「法國人民，承認最高的萬有和靈魂不滅二者之存在」；只令其他各種的宗教崇拜，仍享各行其是的自由。所以在這數月之間，盧梭的理想是多少見諸實際了。這還是不寬容。如無神論，即認爲罪惡；而且「凡有不是和羅伯斯比爾那樣想的，都是持無神論的人。」

繼這種民治政體而起者爲中產階級的共和政體（一七九五至一七九九年）。這個政府的政策是防阻任何宗教的派別，對於國家成尾大不掉的形勢；政府操縱於各派之間，使他們勢力平衡，所以總取反對最強一派——舊教——的手段。因爲他們認爲舊教常有推翻秩序，甚至於有破壞共和政體的危險。這個大政方針，復傾向於扶助理性的宗教派別之發展；用注重世間的而非宗教的教育制度，以剷除聖靈啓示式宗教的基礎。所以，一七九五年的憲法，把政教定得完全分開。他承認一切的信仰自由，把歷來政府發給舊教牧師的薪水撤銷。初等教育一律脫離宗教的影響，成爲世間化的；教授《人權宣言》、憲法條文和共和國公民道德，以代宗教。有一位熱心者宣稱「不久蘇格拉底、馬可・奧理略（Marcus Aurelius）[41]和西塞羅的宗教，就會成全世界的宗教。」

有一種新的理性宗教，名叫「人神同愛教」（Theophilanthropy）[42]，發現在這個時候；這是十八世紀哲學家和詩人的自然神論，是伏爾泰和英國持自然神論者的宗教；比基督教高妙而且種根在前，卻不是盧梭洗刷過的基督教。他的信條簡單來說就是：上帝、不朽、博愛、人道；不攻擊他教而對於各教都有尊重；在家庭或教堂集合，相互爲道德的砥礪。政府對於他有時張明，有時暗地地保護。他對於有教育的階級，很收一點成功。

在這種政策之下，世間式的國家觀念很普及。十八世紀末葉，法國享受事實上宗教的和平。迨以後轉入參政制度（Consulate，自一七九九年以後），這種政策仍然守著。但是到

㊵ 羅伯斯比爾（Maximilien François Marie Isidore de Robespierre, 1758-1794），爲法蘭西大革命之重要領袖，以後專政，造成恐怖時代，不久被害。

㊶ 馬可・奧理略（Marcus Aurelius, 121-180）羅馬皇帝，亦爲著名哲學家。其著作《沉思錄》（*Meditations*）爲至今治哲學者所當讀。

㊷ 人神同愛教（Theophilanthropy）於一七九六年現於法國，爲一班主張自然神論者所組織。否認一切靈蹟，僅以上帝、德性及靈魂不滅三者爲信條。

拿破崙就不復保護「人神同愛教」了。一八○一年拿破崙決計推翻這種制度，重行把教皇擁進場來，其實在當時現行制度之下，各教相安，很少不滿意而有改絃更張的需要。到這時候占多數的舊教，乃重新受國家特別的保護；舊教牧師的薪水，重由國家支出；並且經過相當的規定，教皇在法國教會上的權威，也重新承認。只是其他的宗教，仍然被寬容著。這是教皇和法國共和政府訂約的結果。根據對於這時代最有研究的人判斷，若是拿破崙把這種變更請全國人民公決，也許大家並不贊成。這是否眞實，不得而知。但是拿破崙的政策，顯然是一種打算好的手段：就是要用教皇作工具，使他自己能統治人民的良心，使他的大帝國計畫，更加易於貫徹。

於他的宗教政策，和他實驗根據理性派主張而設的信條之外，法蘭西大革命關於我們所討論的問題，有很可令人注意的，就是他還持一種不能寬容的信仰，去作理性的壓迫。

革命的領袖相信應用一組原理，就可以與法國以新生命，並且可以昭告世界，說是人類永久的幸福，能夠從此得著他們假理性的名義行事，但是他們的原理還是一些專殊的信條，盲目地和不用理性地承受著，正與任何宗教神聖的信條一樣。有一條是根據盧梭錯誤的主張而來的：這個主張就是以爲人類生來就是善的，就是愛秩序與和平的。更有一條是根據幻覺，以爲人類生來就是平等的。這種稚氣地深信，籠蓋一切，以爲立法可以把歷史的背景完全抹煞，把社會的性格根本改變。「自由、平等、博愛」正和基督門徒所信的「萬能上帝爲天地的造物：耶穌基督是祂唯一的兒子，我們的救主」（*The Apostles' Creed*）[43]一樣。

他對於人的心裡，起一種催眠的作用，有如宗教裡上天的啓示。他的傳佈沒有多少理性可言，也如基督教或基督教中新教一派的蔓延一樣。名爲「自由、平等、博愛」，其實無論叫他什麼都可以，只是不是自由、平等、博愛。稱爲平等，尤其不合。當時一班「理性」的狂昧信徒，不明人類的天性，違背經濟的事實，憑自己的意思孤行，還有什麼他人的自由在眼裡。威力的恐怖，本來是傳播宗教的工具；但是應用這種工具最不顧忌的，就是當時革命的政府。任何人敢對於這種信條發生疑問的，就是異端；他遭遇的命運，就是在宗教下異端遭遇的命運。在這個運動裡面，和在大凡宗教運動裡面一樣，比較穩重而合理的分子，都屈服在狂熱而不講理的暴徒之下。理性的名義，再沒有被這些自信爲擁護理性的人更要作踐的。

但是這次革命，也成就許多好事；如宗教的自由，就是一件。宗教自由初則藉政教分離的制度，繼則藉政府與教皇所訂的條約，在革命時代得以昂首伸眉。這個條約的效力，經過幾次君主民主的變遷，還是存在；一直到一九〇五年十二月，政教分離的制度重行恢復以後，方才廢除。

在德意志的各邦裡面，宗教自由的經過，有許多方面和法國不同；但是有一點與法國相

㊸《使徒信經》（*The Apostles' Creed*），相傳始於保羅。十九世紀後半葉研究此種信條的來歷者甚多，如 Caspari, Heurtley, Swainson, Kattenbusch，皆有精密考證，但爭論甚多。

像的，就是因爲戰爭的結果，使有限制的寬容，得以實現。在十七世紀上半葉把德意志弄得四分五裂的「三十年戰爭」——這個戰爭裡面，宗教和政治混在一起，和英國的「清教徒革命」戰爭一樣——於一六四八年藉「西發里亞和約」（The Peace of Westphalia）終告結束。在這和約裡面，舊教、路德教和改革教[44]三種教派，同被神聖羅馬帝國（Holy Roman Empire）認爲合法；其餘的則一概除外。但寬容或不寬容任何派別之權，還是聽帝國中的德意志各邦君主，自由行使。這就是說，每個君主，都可以在他的境內，有強迫人民信奉三派中的任何一派，而不容他派存在之權。但是他如果要允許其他一種或兩種教派，同時在他境內傳佈，也無不可。就是他於採取每種教派以後同時允許他派的教徒在境內居留，各自在家庭範圍以內，崇奉他們的宗教信條，也更無不可。所以在德意志境內的宗教寬容，隨著君王的政策，因邦別而不同。

在德意志和在他處一樣，寬容的伸張，常因顧全政治上的權宜而增進。這種情形，在普魯士尤其明顯。在德意志也和在他處一樣，學理方面鼓吹的人，於輿論上發生很大影響。只是在德意志擁護寬容的，大都著重法律的基礎，不和在英法的著重道德和知識的理由一樣。他們把這問題認作法律的問題；討論起來，從國家和教會的法律關係上著眼。這種看法，早經一位義大利的思想家點破。帕多瓦的馬西略（Marsilius of Padua，十三世紀）[45]是很能獨出心裁的人。他主張教會沒有用物質的威迫之權；若是民政方面當局懲戒異端，其懲罰不是由於違反上帝的命令，乃是由於不容異端在境內的國法。

宗教自由是正當的法律觀念之邏輯的結論；發揮此說者，當推托馬修斯（Christian Thomasius）[46]爲領袖。自一六九三至一六九七年間，他連著了許多小冊子，主張獨有行使物質的威迫權之君主，不能干涉精神方面的事情；而從事宗教職務的人，若是要干涉民政方面的事，或是要於勸導之外更用其他的方法去擁護信仰，也就逾越自己應守的範圍。並且民政當局沒有法律上的權利，去威迫異端者，除非異端是一種刑事的犯罪。只是異端縱有不當，也並非刑事的犯罪，僅係知識的錯誤，因他不是關於意志的。托馬修斯更發揮這種意見：以爲信仰統一，對於公共的福利並沒有一點增進；只要人能忠於國家，則隨他作哪種信仰，又有什麼關係。他所主張的寬容，也是不完備的。他受同時洛克著述的影響，他所屏斥在寬容之外的幾個階級，也正是洛克所屏斥的。

除了這些法律家的影響之外，有一種虔信派運動（The Pietistic Movement）[47]也是由

㊹ The Reformed Church 之中包括喀爾文和慈運理（Huldrych Zwingli）兩派的信徒。——原注

㊺ 馬西略（Marsilius of Padua（Marsiglio Mainardino）,1270-1342）義大利中世紀學者。其最有影響著作爲《和平的保衛者》（*Defensor pacis*）發表於一三二四年，與 John of Jandun 合作。

㊻ 托馬修斯（Christian Thomasius, 1655-1728）德國法學家與政論家。

㊼ 虔信派運動（The Pietistic Movement）爲路德新教中的一種改革運動，始於十七世紀之末，盛於十八世紀之前半。發動的爲菲利普・雅各・施本爾（Philip Jacob Spener）。因爲當時路德教會已落入形式主義而儼若專制政府，於是內部起了這種改革運動。

於一種傾向寬容的精神而發。這是一種帶有宗教熱忱的反動，爲反對路德教派牧師的形式神學而起的。這種運動，由一班領袖的文人所倡導，如十八世紀後半葉的萊辛，尤爲出力。

但是在德意志促成宗教自由實現最重要的事實，恐怕要推理性主義者腓特烈大帝（Frederick the Great）[48]即普魯士王位一事。在他即位幾個月以後（一七四〇年）他批在一件關於宗教政策的政府公文邊上說，應當讓凡要入天國的，依自己的路徑走去。他對於道德的見解，是離開宗教獨立的，所以一切的宗教，都可以並行不悖。他不問人的信仰是什麼，只問他是否爲國家的良好公民：國家有權力要求的，只是這點。這觀念在邏輯上的結論，當然就是完全的宗教自由。在他統治下，舊新教都受同等待遇；對於他種被禁的教派，一律完全寬容，也就把西發里亞和約的規定打破了。腓特烈大帝甚至於想引回教徒也來他的統治下居留。這種情形，是與在喬治三世統治下的英國，路易十五統治下的法國，教皇統治下的義大利完全相反的。這是在任何近代歐洲的國家裡面，第一次的宗教自由：藉一個自由思想家的君主，大「侮蔑神祇家」伏爾泰的朋友，方能完全實現。雖史家常常不曾給他以應受的注重，但這是歷史上一件極重要的事，是不容疑義的。

腓特烈大帝的政策和主張，在一七九四年的「普魯士國內法」（Prussian Territorial Code）裡面，循著具體的規定。按照這個法律，無限制的良心自由，受到充分的保障；路德教、改革教和舊教三種派別，受同等待遇，享同等權利。這種制度就是「法律規定制」；在英國只有國立教會獨享的地位，在普魯士則由三派同享。在德意志其他的部分，當然並不曾仿照普魯士辦理；一直到一八〇三年神聖羅馬帝國在最後期間，將西發里亞和約修改以後，方才開始學步。於近代德意志帝國成立（一八七〇年）以前，宗教自由在德意志境內卻是先後都成立了。

在奧國約瑟夫二世（Emperor Joseph II）[49]於一七八一年頒布「寬容詔」（Edict of Toleration）。在當時舊教的國家而有這種舉動，總算是寬大的政策了。約瑟夫是一位誠心的舊教徒；但是他對於那個時代開明的思想，不是深閉固拒的。他是讚譽腓特烈大帝的人。他的這通詔令，倒是出於眞正寬容的精神，與一六八九年英國的寬容法案有別。這項法案所頒的寬容，仍然是有限制的，僅僅推到路德教、改革教和與羅馬教廷聯合的希臘教會各項組織。完全的宗教自由，到一八六七年方才實現。

約瑟夫的這種政策，不限於奧國，並推到奧屬的義大利各邦；幫助義大利培養宗教自由的觀念。很凶險的就是十八世紀在義大利主張寬容的人，不是理性主義者或是自由思想

---

⑱ 腓特烈大帝（Frederick the Great, 1712-1786）普魯士國王。爲近代最開明之君主，極袒護當時思想自由不見容於他國者，所以當時普魯士宮廷，爲若輩之逋逃之藪。

⑲ 約瑟夫二世（Emperor Joseph II, 1741-1790）羅馬帝國皇帝。與普之腓特烈大帝，俄之凱薩琳二世（Catherine II）同爲十八世紀開明君主。

家，乃是一位舊教的牧師坦布里尼（Pietro Tamburini）[50]他在一七八三年用他朋友陶第曼斯多甫（Trautmansdorf）的名字，發表一部著作，叫做《論宗教的與政治寬容》（*On Ecclesiastical and Civil Toleration*）。在這本書裡，他把教會和國家權限，劃分得非常明白；極端反對宗教的殘迫和宗教審訊制；宣告威迫良心的舉動與基督教精神不能相容；定下主張，以爲當局只能對於有害公共治安事件，才可施行威力的壓迫。他又同洛克主張一樣，以爲持無神論的，受威迫也屬當然。

在拿破崙建設的義大利各邦中，寬容的表現，各有程度不同；但是眞正的宗教自由，還是始於一八四八年加富爾（Camillo Benso Conte di Cavour）[51]在皮埃蒙特（Piedmont）採取的一種政策，做以後實現完全宗教自由的準備。這種完全的宗教自由，是一八七〇年義大利統一後一種最先的收穫。就其種種的意義而言，義大利的統一，是表現近代國家觀念戰勝基督教會沿習主張之最轟轟烈烈的一幕。羅馬仍然是抱著那些沿習的主張，堅決不變；對於蕩滌十九世紀的自由思想，做勇邁卻是不識時勢的抵抗。看他政策的方向，就可以知道他澈底了解這種自由思想，對於他遠古相傳，認爲永不可變而永不會過時的制度，是不相容的。教皇額我略十六世（Gregory XVI）[52]於一八三二年發表一封「通諭」（Encyclical Letter），持權威以抗自由，持中古時代的理想以抗近代的理想。這封「通諭」的命意所指，在否認一班法國青年的舊教徒——德拉梅內（Hugues Félicité Robert de Lamennais）[53]和他的朋友——因爲他們有一種進步的思想，想把當日自由的精神，去改革舊教的教會。

教皇呵斥否認之詞，說：「當爲人人取得和保障良心自由，不但是謬妄不通的主張，並且是精神病的表現。所以會生這種主張來，正是因爲充分的、無限制的思想自由流行：其結果有害於教會、有害於國家。乃有一班人不知謹飭，膽敢認爲於宗教有利，實屬愚妄。因此，青年爲之敗壞，宗教爲之蔑棄，神聖的定法爲之侵犯，全世界的態度爲之改變——總而言之，此係社會生死之大敵。歷史的經驗指給我們看，那些有財富、有勢力、有尊榮的國家，都是由於這種妖孽所滅亡的，——這種妖孽就是不知約束的意見自由，不受檢查的處士橫議，見異思遷的好奇心。更有出版和著作的自由，也同屬此類。這種勢不兩立，毀經滅常的自由，我們談虎色變，自當畏忌之不暇，更何心聽一部分人甚囂塵上的從而讚譽。」至一八六四年，教皇庇護九世（Pius IX）[54]也發表一個同樣的宣言，叫《近代謬誤的摘要》

---

[50] 坦布里尼（Pietro Tamburini）義大利人，迭任教授，見寵於約瑟夫二世及其弟黎阿坡德第二。其著作甚多，有十四種列在禁書表上。

[51] 加富爾（Camillo Benso Conte di Cavour, 1810-1861）義大利政治家，爲統一近代義大利者。

[52] 額我略十六世（Gregory XVI）爲一八三一至一八四六年間教皇。

[53] 德拉梅內（Hugues Félicité Robert de Lamennais, 1782-1854）法國牧師，而又爲政治及哲學的著述者，門徒甚眾。其著作 *"Essai sur l'indifférence en matière de religion"* 風行一時。

[54] 庇護九世（Pius IX）爲一八四六至一八七六年間教皇。

（*The Syllabus of Errors*），給世界大吃一驚。不問教會主張基本上與近代文明趨勢如何衝突，但在一個日常生活思想，自教皇看去一無是處的世界裡，教皇制度還能存在，並且有相當勢力而受尊敬：這也是近代生活矛盾之一種了。

西方各國從瀰漫十五世紀的定於一尊制，進步到流行十九世紀的自由放任制，其間經過了一個遲慢、痛苦、不合名理、東撞西碰的路程：大都是受政治的必需所支配，而不是由理性的考慮所激發。就法律方面而論，有「法律規定」和「政教分離」兩種不同的制度，都曾經被採用了去實現宗教自由，我們已經講過。但是一方面儘管有法律上的寬容，一方面同時有事實上的不寬容；在法律前面儘管說是有宗教自由，而法律所不及的地方實行宗教自由的人仍是受嚴重的拘束和限制。譬如非正宗意見的發表，足以使發表的人不能在政治社會的方面謀取位置，或是阻礙他位置的升遷。所以常常發生這個問題：究竟法律規定和政教分離兩種制度，哪種對於造成寬容的社會空氣，較爲適當。喬瓦尼．魯菲尼（Giovanni Ruffini，他的──《宗教自由》（*Religious Liberty*）──一書，非常之好，本章取用甚多）[55]的意見，主張取「法律規定制」。他指出當思想自由的眞友蘇西尼主張此制的時候，持不寬容精神的「非浸禮派」就謀實行「政教分立制」。更重要的觀察，就是如在近代德、英、義各國裡面，雖最有勢力的一種或多種教會尙受治於國家，然其思想自由與宗教寬容，比在政教分立的美國各邦裡面，還更多更大。只看百年前美國對在獨立戰爭卓著大功的潘恩，那麼以怨報德，無非因他發表一種很非正宗的著作！就是現在，思想自由在美國，並且在許多美國的大學裡，還受可恥的嚴重限制和拘束。這可以證明政教分立制，並不足以為必能產生寬容的保障。不過我以為縱然美國的聯邦政府或任何一邦，一旦採取「法律規定制」，也不見得美國一般人的意見，就會改變。在任何一種制度之下，縱然有法律上的自由，而一般人的意見，是否眞能趨向寬容，我以為要看社會的情形，和受教育階級的文化程度。

從這章看起來，我們可以知道宗教寬容是宗教改革後教會解體所產生的新政治情形和需要之結果。但是也由於在這些採取寬容辦法的國家裡，統治階級中有勢力的一部分，有成熟的意見，足以應付這種變革。這種新的思想態度，大部分是由於懷疑主義和理性主義而來的。這兩種主義可是文藝復興運動所散布的，很精微而不知不覺地影響許多當年虔誠謹守正宗者之心理。這也可以見得暗示的力量了。以下兩章，就要研究十七、十八和十九世紀中理性使信仰損失虧耗而自己進步的情形。

㊺ 喬瓦尼・魯菲尼（Giovanni Ruffini, 1807-1881）義大利著述家，曾與馬志尼（Giuseppe Mazzini）從事革命運動；常在倫敦巴黎，任外交職務。

第六章　理性主義之發展（十七與十八世紀）

在最近三百年中，理性慢慢地卻是步步爲營地打破基督教神話，揭開其聖靈啓示的一切假面具。理性主義的進步，自然成爲兩時期：(1)十七與十八世紀中，思想家反對基督教神學，及神學託命書籍的重要原因，就是發現其中許多不一致，互相衝突，在證據上說不過，在道德上難實行的地方。當時所知道的一些科學事實，像是反射到聖靈啓示是否眞確的問題上。只是此時攻擊基督教的立論，眞正以科學爲根據的尚在其次。(2)十九世紀之中，科學在各方面的發現，勢力充實，才把以前草昧時代建築下來的宗教基礎搖動。並且歷史的批評，能以井井有條的方法，從根本上陷落神學經典的信用；以前這些經典所受的批評，雖亦不無精當，但大都還缺少條理，僅能稱爲根據常識的批評。

一種對於事實的愛，精純專一，絕無個人希望、恐懼或命運關係的成分參雜其間的，實任何時代所少有，自希臘羅馬即然。這就是科學的精神。十七世紀，我們可以認作近代自然科學研究開始的時候（此就其主要趨勢而言，並非蔑視前此的幾位先驅者）；在那時候，一連有幾位著名思想家，都是遵循對於眞理純潔的愛情所指導。在這些最精闢的思想家中，已經有幾位得著基督教宇宙觀不合理性的結論。但是因爲個人的氣稟不同，有些人直接了當，實行排斥，有些如偉大的德國人帕斯卡爾（Blaise Pascal）①之流，一方面雖爲理性健將，一方面反不用理性而皈依於信仰的座下。培根在表面上是信仰正宗，在心裡恐怕是一位自然神論者。無論如何，他著作的全副精神，是屛斥權威於他生平鼓勵最力的科學研究範圍以外。不但建設近代玄學而且於科學有許多空前貢獻的笛卡兒（René Descartes）②，也許也曾設法遷就宗教的威權（因爲他的膽量很小），但他的哲學方法，卻爲促進理性思想的有力主動。當時一般賢哲的趨勢，都不惜損權威以發揚理性。在英國洛克立下主張，至此歷盡十八世紀之宗教戰局，兩方面都靠理性立論，並沒有一個富時譽的神學家，說信仰是高出於理性的。

理性漸漸進逼最著的證明，可以從輿論在無形中對於巫術觀念的改變上看出來。英王詹姆士一世曾以努力要貫徹《聖經》中「你萬不能忍受女巫的生存」這句話著名；但清教徒革命時那般宗教的狂熱，把以前這位君主的努力，都比過去了。凡與撒旦（Satan）（意謂魔王，指非基督教之國而言）。通商的妖婦，概受禁迫。待復辟後，信巫術爲眞的事，在受教育的人民中已經低落（當時雖有幾位能幹的著作家，尚信爲眞）；殘殺之事，亦復稀少，最後一次審女巫，在一七一二年；由赫特福德郡（Hertfordshire）的幾個牧師，

---

① 帕斯卡爾（Blaise Pascal, 1623-1662）生於法國 Auvergne，受教育於巴黎。爲近代最早且最有能力的數學家。終身事業多關於宗教、道德及哲學。

② 笛卡兒（René Descartes, 1596-1650）爲建設近代數學之元勳，亦稱謂「近代哲學之父」。生於法國圖賴訥拉海（La Haya）。其著作《方法論》（*Discourse on Method*）及《沉思錄》（*Meditations*）等尤爲治近代哲學者所必讀。

告發女巫文漢姆（Jane Wenham）。陪審人認為他有罪，但得審判官幫忙，終能解脫。到一七三五年反對女巫的一些法律也取消了。約翰·衛斯理（John Wesley）[③]說不信巫術就是不信《聖經》，眞是一點都沒錯。不但英國如此，即在法國與荷蘭國。大家對於這次疑陣中的特種「撒旦」活動，也同時降低了信心，喪失興趣。唯在當時蘇格蘭則神學勢力猶強，於一七二二年還燒死一個女子。正遇近代科學與哲學方興的時代，而迷信也同時在各處降落，可見正非偶然的事實呢！

霍布斯（Thomas Hobbes）[④]恐怕要算十七世紀英國最英俊的思想家。他是自由思想家與唯物主義者。他曾受他的朋友法國哲學家伽森狄（Pierre Gassendi）[⑤]的影響；伽森狄曾重振希臘伊比鳩魯式的唯物主義。霍布斯並非主張良心自由的前驅，乃是主張壓制最力的人。在他關於政治學說的著作《利維坦》（*Leviathan*）裡，君主對付人民的信仰，有如處分他事，具專制全權；人民則有信仰由君主頒布的宗教之義務。因此宗教殘殺，亦為霍布斯所擁護；只是此種獨立的權限，霍布斯主張不能交予教會。他的學說當否不具論，但是他的立說根據，確實是從理性出發的。他把道德與宗教分開，並主張「眞正的道德哲學」與「自然法的原則」，當為一事。他關於宗教眞正的意見：以為由於幻想無形物體而發生之恐怖（由於愚昧而來），是宗教情緒的自然種子，人如覺反求諸己，是為宗教；如另設方法，對於外界無形的勢力，發生畏懼，加以崇拜是為迷信。當查理二世秉政，霍布斯的言論被禁，他的書也被燒。

③ 約翰・衛斯理（John Wesley, 1703-1791）爲英國宗教界的大人物，十八世紀美以美會（Methodism）的唯一領袖。以無量的經歷布教而又能著作，爲教會中之著述家。其有名著作爲《約翰・衛斯理日記》（*Journal*）及"*The Appeals to Men of Reason and Religion*"等。

④ 霍布斯（Thomas Hobbes, 1588-1679）生於英國馬姆斯伯里（Malmesbury），與當代的思想家培根（Francis Bacon）、班・強生（Ben Jonson）、徹爾布里的赫爾伯特爵士（Herbert of Cherbury）、伽利略（Galileo Galilei）、笛卡兒（René Descartes）、皮埃爾・伽森狄（Pierre Gassendi）、威廉・哈維（William Harvey）諸人交好。以唯物觀創政治哲學。其重要著作爲《利維坦》（*Leviathan*）。霍氏曾爲查理二世之教師；待查即位，霍氏由法歸英；查猶每年給以贍養百鎊。一六六六年倫敦大火之後，繼之大疫。國會代表迷信，提議查禁不敬上帝之書籍。是年十月十七日眾議院之會，尤特別提出霍氏《利維坦》一書攻擊。霍氏此時年將八十，備受恐嚇，猶研究法律，與之抗辯。結果禁止此後霍氏關於人類行爲問題，印行任何書籍。所以他有幾種重要著作，如："*Behemoth: The History Of the Causes Of the Civil Wars Of England and Of the Counsels and Artifices by Which they were carried on from the year 1640 to the year 1660*"（此書成於一六七〇年）及"*A Dialogue between a Philosopher and a Student of the Common Laws of England*"（此書未完）皆於死後出版。

⑤ 伽森狄（Pierre Gassendi, 1592-1655）生於法國尚泰西耶（Champtercier）。爲著名的哲學家、科學家與數學家。幼爲神童，於十六歲即被任爲 Digne 大學修辭學講師。以後任 Aix 大學教授及巴黎大學數學教授。與當代科學家、哲學家克卜勒（Johannes Kepler）、笛卡兒（René Descartes）、伽利略（Galileo Galilei）、霍布斯（Thomas Hobbes）等交情最厚。其哲學有幾方面似洛克。於自然科學之貢獻頗大。其最著名的著作爲"*Syntagma Philosophicum*"。

荷蘭籍的猶太哲學家斯賓諾莎受笛卡兒的影響不少，而關於政治的玄想，所得於霍布斯的正多；但是他的哲學對於正宗教說之離異，既顯而甚，爲其師承的兩哲所不敢發。他以爲有最後的實體，名爲上帝，是絕對完全而非類人的有（being），其本質由於二者構成——就是思（thought）與積（spatial extension）。當斯賓諾莎說到上帝的愛（他認爲幸福就在這裡面），他所指的就是自然秩序的知識與其研究：這種自然秩序，包括人類本性，是受一定不變的法則支配的。他否認自由意志（free-will），並以相信自然界中一切最後之因爲「迷信」。他的哲學，我們可命爲一種「泛神論」。但是向來一般人卻認爲「無神論」。若無神論意義，照通常所持，做否認擁有具人形的上帝解釋，則斯賓諾莎也可稱是無神論者。不過我們要注意當十七、十八世紀的時候，「無神論者」爲濫用的名詞，擅加以攻擊自由思想者；我們看見當時著作裡所稱的「無神論者」（少數精細的著作家除外），可以想其大都在實際上只是持自然神論者。持自然神論者仍信賴人的上帝，只不信聖靈啓示。[6]

斯賓諾莎勇邁的哲學，不能與當時一般玄想的潮流融合，所以影響當他生時很小，到死後許久漸大。有一位其著作在當代流傳最廣而且最有勢力的思想家，就是洛克。洛克表面承認多少信點英國國教。他對於哲學的大貢獻就是極力擁護理性，反對權威的篡奪。他著《人類理解論》（*An Essay Concerning Human Understanding*，一六九〇年）的目的，就是表明一切知識都出於經驗。他完全把信仰屈服於經驗之下。當他接受基督教的聖靈啓示說，即認定若是此說與最高理性的論斷相違反，便當否認；並以爲神靈啓示給我們的知識，不能如理性給我們的同樣可靠。他說：「那把理性的地位讓給聖靈啓示的人，實在是把二者的光明，一齊毀滅；有如勸人把眼睛弄瞎了，從望遠鏡看不可見星中的遠光：更要好些。」他寫了一本書，解釋基督教聖露啓示說不當與理性相反，名《基督教的合理性》（*The Reasonableness of Christianity*），爲以後百年間一切英國宗教爭辯的樞紐。無論正宗異道，都熱心地承認合於理性乃爲啓示宗教主張的唯一試驗。直接受洛克影響的，有一位愛爾蘭人托蘭德（John Toland）⑦從羅馬舊教一變過來，著了部轟動一時的書，名爲《基督教不是神祕的》（*Christianity not Mysterious*，一六九六年）。他假定基督教是眞的，並且辯論其中並無神祕；因爲一切神祕，就是不可理解的教條，是理性萬不能承受的。若是一位具理性的上帝給人啓示，其目的一定使人明瞭，不能使人迷惑。這種對於基督教有

---

⑥ 爲簡便起見，我在本書所稱的「自然神論者」（deist），概是按此定義，雖照近代通用的名詞，持此種主張的人，當稱爲「有神論者」（theist）。——原注

⑦ 托蘭德（John Toland, 1670-1722）英國的自然神論者。幼在羅馬舊教空氣之中，十六歲而好新教。以後入愛丁堡（Edinburgh）及萊頓（Leiden）大學。治宗教史而漸與基督教分離。《基督教不是神祕的》一書，是在牛津大學時動手所著。以後此書爲愛爾蘭國會所禁，他因此出亡英格蘭。"*The life of John Milton*"爲其重要著作之一。他最後而最得罪於基督教之著作爲《泛神論者的神像》（*Panthesticon*）（一七二〇年）。

眞理的假定，無非託辭，明慧的讀者自然不難看透。這種著作所以重要，不但因爲是洛克哲學邏輯上應有的推論，而且因爲銷路極廣，影響絕大。蒙塔古夫人（Lady Mary Wortley Montagu）[8]在貝爾格勒（Belgrade）遇到土耳其的職位最高執政（Turkish Effendi），也要問托蘭德先生的消息，就可以想見當時的風靡了。

在這個理性與威權戰爭時代，有一個特點，就是一般理性主義者（除十八世紀法國領袖思想家外）大都表面上假裝承認實際上攻擊的所謂眞理。他們託詞玄想並不有礙宗教：他們能將理性與信仰分開；他們能示人以聖靈啓示說，不須深究即可知其多餘；他們能一面恭維正教，一面立下各種與正教不相容的觀念。他們暴露各種謬誤，絕不見容於理性的，反含嘲帶諷，認其在神學範圍以內爲眞理。這種中世紀兩重眞理的主張及其他方法，皆所以爲自衛計，雖然不見常常有效，總多少可以避免正教橫暴的行爲。所以讀這類理性的著作，當於字裡行間求意義。貝爾就是一個有趣味的例子。

若是洛克哲學，限定權威而主張自經驗中求一切知識，爲當時理性主義有力的幫助，則同時貝爾關於歷史的研究，和他同一趨向。貝爾被逐於法蘭西後，住在荷蘭阿姆斯特丹（Amsterdam），印行他所著的《哲學辭典》（*Philosophical Dictionary*）。他是一個眞正的自由思想家，但是他永不曾放下他信奉正教的假面具，這正所以使他的著作，特別深刻。他喜歡列陳一切所謂異端攻擊主要基督教信條的理由。他暴露基督教中大衛（David）[9]之罪惡與凶殘，不留餘地；並且表現出來萬能的上帝之所溺愛者，原來是怎樣的人連我們都不願意同他握手的。這種不稍假藉，坦白無私地暴露，引起重大的反對聲浪。貝爾回答，採取蒙田、帕斯卡爾的態度，託辭將信仰與理性對峙的分離。

他說，神學的信仰道德，只是簡單地、無二地相信上帝權威所啓示的眞理。若是你僅從哲學上相信靈魂不滅，則雖其所信者爲正宗，而仍與信仰無涉。啓示的眞理越超出於我們心的一切權力以上，則信仰的功效越大；眞理越不可思議且越和理性相反，則我們承受時的犧牲越大，而對於上帝的屈服亦越深。所以羅列理性所持以反對根本信條的議論，正所以增高信仰的功效。

他的《哲學辭典》更受批評，以爲他對於持否認上帝論者之道德的優點，說得太公道了。貝爾答詞以爲若他能尋出任何持無神論的思想家，操行不好，他很願意抓出來數他的罪

---

⑧ 蒙塔古夫人（Lady Mary Wortley Montagu, 1689-1762）英國的文學家，以尺牘著名；而尤以美艷善詞令稱。爲 Evelyn Pierrepont 之長女，出身名族，享譽宮廷。隨其夫 Edward Wortley Montagu 赴土耳其京城君士坦丁任大使。與當代文人 Alexander Pope 交善，其後二人交誼以凶終。

⑨ 大衛（David）在希伯來文中大概是「被愛者（beloved）」之意。據《聖經》所說，是 Jesse 之子，猶太與以色列之王，是耶路撒冷的猶太王朝的建設者，是上帝最得意的人。其時代據通常所記，以爲在西元前一〇五五至一〇一五年。其事蹟見於《聖經》中〈撒母耳記〉上一書之第十六章到〈列王紀〉上第二章。

惡，無奈他實在找不出這種的人來。歷史上使人不寒而慄的罪人，正是由於蔑神背教；但是他們的蔑神背教，正所以反證信有上帝存在，才有可背、可蔑、可言？照神學上自然的結論，則爲人類做出一切罪惡的魔鬼，不能持無神論，因爲持無神論便失去其反抗的對象。上帝與魔鬼本是相對的名詞。人類的罪惡必須顯然類似魔鬼，而後才須信上帝的存在，因爲魔鬼不是不信有上帝者。然而，最壞的罪人不是持無神論者，而持無神論者多是誠信之人，豈不正所以證明上帝無限的智慧？這樣安排，乃上帝所以限制人類的墮落；因爲若是無神論與不道德集於一人之身，則大地上一切的社會之中，眞要罪惡橫流了。

這類深刻的話尚多；雖然他大致的結論上，常薄薄地罩了一層不悖信仰的面紗，但其實際上正所以表明基督教的信條，根本不合理性。

貝爾以精深博大的學問，發爲著作，當時於英法兩國，均有大影響，爲兩國攻擊基督教者添生力軍。最初向基督教開始攻擊之最有力量與能耐的，爲英國一般持自然神論者。其著作雖如今已少有人讀，但其反對啓示的宗教權威之爭辯，實爲極可紀念的事業。

持自然神論者與其信仰正宗之敵黨，爭論到自然宗教中之上帝——此上帝照前者所想，可以理性證明——能否與基督教聖靈啓示說中之上帝合一。自然神論者以爲不可能。所謂聖靈啓示說的本身，就與理性所指示的上帝之性格，根本不能相容。有些爲聖靈啓示辯護者，——至少其中最說得上辯護能力的也與自然神論者共同認理性爲最高的地位；不過一靠上理性，有些也就多少墮入異端去了。最能幹的克拉克（William Newton Clarke）⑩不能堅持「三位一體」的信條，就是一個例。還有可注意的，就是兩方面主要的動機，都發生於道德。正宗方面以爲聖靈啓示中來日賞罰之訓條，爲維持道德所必須；自然神論者則以爲道德只能靠著理性，聖靈啓示說有許多地方與道德觀念不相容。經過整個十八世紀，道德是信英國國教者首先在意的事；至於在這種教會裡無從滿足的宗教感情，乃逃而發爲衛斯理與懷特腓德（George Whitefield）[11]之美以美會（Methodism）。

斯賓諾莎立下一個原則，說是《聖經》也當和其他的書一樣解釋（一六七〇年）[12]；這個原則，關於持自然神論者尤爲重要。爲免除殘迫起見，他們常把所得的結論，淡淡加上一層遮蓋，使其僅足以不至肇禍爲止。在此以前出版法（Press Licensing Act，一六六二

---

⑩ 克拉克（William Newton Clarke, 1841-1912）美國有名的浸禮會派神學家，抱自由的正教觀，極力把以前的信條，重加解釋，使與近代的知識相合。重要著作爲"*Outline of Christian Theology*"及"*The Christian Doctrine of God*"二書。

⑪ 懷特腓德（George Whitefield, 1714-1770）英國的喀爾文式美以美主義者。與衛斯理爲同僚，在教會中同起美以美會運動。

⑫ 斯賓諾莎的《神學政治論》（*Theological-Political Treatise*），講到解釋《聖經》的，於一六八九年才譯成英文。——原注

年）防止非正宗的著作，非常厲害；我們只從正宗的著作裡，看他們對於反對不信上帝的意見，何等努力，就可以從反面推知當時理性主義如何擴張。待一六九五年出版法一廢，持自然神論的著作，立即跟了出來。但是褻瀆法尚未廢除，他們仍有被告發的危險。當時有三種法律的武器，足以摧殘攻擊基督教的人：（一）教廷（The Ecclesiastical Courts）在當時有，到現在還有，權力拘禁持無神論、侮神、異端及他項不見容於宗教的意見者；拘禁期限至多爲六個月。（二）照大理院長（Lord Chief Justice）黑爾（Sir Matthew Hale）[13]解釋的民法。當一六七六年，有一位叫泰來爾（Taylor）的，被人告發，說是他倡言宗教爲騙局，而且將耶穌基督侮蔑了。他被這位法官判決罰金與枷鎖。法官於是定下例來，以爲向來英王的法庭，遇到以語言文字侮蔑法律和國家的案情，是這樣定罪的；「基督教是英國法律之主體」，所以反對基督教即敗壞法律，也當同樣定罪。（三）一六九八年的法令定明，若是任何受基督教教育的人，「或以書寫、印刷、教育、勸告等法，否認神聖『三位一體』中之任何一位即爲上帝，或倡議與維持多神論，或否認基督教是眞實的，或否認《新舊約聖經》是神聖的權威」，一旦證實了，如果是初犯，就不能供職任何公共的事務或受任何公共的僱傭；再犯，就剝奪公權，監禁三年。這個法令明白說出自己的動機，就是因「近年來許多人公然宣布和印刷侮蔑不敬的言論，與基督教的教義及主張相違反」。

事實上，兩百年以來許多侮蔑宗教的案件，都屬於第二項。但是那一六九八年的新法令，也頗足以使人膽寒；我們一看他如何驅使當年與基督教意見不同的著作家，採用種種含糊的掩蔽方法，就可知道他的威嚴掩蔽方法之一種，就是加《聖經》以寓言的解釋。他們說照字義而釋《聖經》，生出許多與上帝的智慧和公道相抵觸而不可通之處，所以託辭謂必須寓言的解釋來替代。但是他們寓言的解釋，正所以引讀者自己推翻其託辭，而另立危害聖靈啓示說的結論。

在一切用以贊助聖靈啓示的論辯裡，尤以論《新約》中預言和靈蹟的實現處，最容易引人看出破綻來。一七三三年一位鄉紳柯林斯（Anthony Collins）⑭，爲洛克學說的信徒，出了一本書，《論基督教的根基和理由》（*A Discourse on the Grounds and Reasons of the Christian Religion*），其中所加牽強的與不自然的寓言解釋，正所以直接了當地暴露一切預言和靈蹟不能實現的弱處。在這書出版二十年前，他更出過一本書名《論自由思想》（*A Discourse of Freethinking*）——其中所受貝爾影響，顯而易見——主張以理想去自由討論

---

⑬ 黑爾（Sir Matthew Hale, 1609-1676）爲英國法律家。於一六七一至一六七六年間任英國大理院長。在法律史上定過幾件著名的案。於宗教信仰心甚深，與宗教中人巴羅（Isaac Barrow）、蒂洛森（Archbishop Tillotson）、威爾金斯（Bishop Wilkins）最密切。

⑭ 柯林斯（Anthony Collins, 1676-1729）生於英國米德爾塞克斯（Middlesex），受教育於劍橋大學。與洛克爲親密的朋友。著名自然神論的著作家。

及參考一切宗教問題。他怨當時一般不能寬容的風氣流行。但同是一樣事，在宗教方面可以證明其不能寬容，在他方面也可以證明當時不信宗教的範圍擴大。

柯林斯比較的得免於難，但一位劍橋大學雪梨・薩塞克斯學院（Sidney Sussex College）的教員伍爾斯頓（Thomas Woolston）⑮於一七二七至一七三〇年間發表六篇很厲害的文學《論我們救主的靈蹟》（*A Discourse on the Miracles of Our Saviour*），就因爲膽大而獲罪。除教職被革外，還以言論欺罔罪被判決一百鎊罰金並一年監禁。他拿不出許多錢，遂死於獄中。他立論態度，並不公然主張凡靈蹟皆不可信或不可能。他只以偉大的才力，與練達的常識，考察關於《四福音》的重要靈蹟，表現其不可通與無價值之處，不足以當演此靈蹟者。他所點明的，正與赫胥黎（Thomas Henry Huxley）⑯和格萊斯頓（William Ewart Gladstone）⑰爭辯時所點明的相同，以爲《聖經》上驅鬼入於豬群的靈蹟果眞，豈不是無故損害他人財產。⑱關於耶穌見無花果樹不實，一咀而樹乃萎死的靈蹟，⑲他評道：「如果現在肯特（Kent）地方有位農人，於復活節（此時乃所傳耶穌當年尋無花果時），在他果園中尋果實，因爲失望，就把樹砍了，這件事怎樣？他的鄰舍將謂之何？世間笑柄，孰過於此；若是這段新聞，載在報紙，他將爲人類的談資了。」

更舉天使間或撩撥畢士大池（Pool of Bethesda）水，而池水即能治療第一個入水的病人之故事。⑳他說：「神聖的慈悲，至此可謂倏忽無常，善於尋樂。使人想及上帝的天使之所以爲此者，乃是自娛，而並非想爲人類造福。有如投骨於狗群，視其相爭以爲樂；又如擲

⑮ 伍爾斯頓（Thomas Woolston, 1669-1733）生於英國北安普頓（Northampton），爲宗教中著名之人。受教育於劍橋大學雪梨・薩塞克斯學院（Sidney Sussex College），後被推爲膏火研究士（fellow）。因著作《論我們救主的靈蹟》一書，被讞死於獄中。

⑯ 赫胥黎（Thomas Henry Huxley, 1825-1895）生於英國伊靈（Ealing）。爲著名之生物科學家，由生物科學而治哲學。達爾文主義得赫氏而大張。其於近代教育學說之貢獻亦極大。其著作甚多；中文譯本僅嚴復譯之《天演論》，原名"*Evolution and Ethics*"。

⑰ 格萊斯頓（William Ewart Gladstone, 1809-1898）爲十九世紀英國最著名之政治家。尤以主張愛爾蘭自治案著名。好涉獵文學及宗教，曾著"*The State in Its Relations with the Church*," "*Church Principles Considered in Their Results*"等書。以政治家的眼光觀察宗教，頗爲重要。約翰・莫萊（John Morley）所著《格萊斯頓傳》（*Life of Gladstone*）爲世界最大傳記之一，不僅以文辭見勝。

⑱ 《馬可福音》第五章第一至二十節。耶穌在加利利海（Galilee）的格拉森（Gadarenes），遇到一個人爲鬼所附，有如瘋癲，無人敢近，繩索不能縛。常在山上墳間作鬼哭。他卻來拜耶穌。耶穌對附著他身上的鬼說：「離開這人身上，你不清潔的鬼。」問鬼的名字，鬼說：「我名 Legion。」，意即多數。鬼求耶穌不要送他到此鄉以外去，說：「送我們到這個豬群裡去，讓我們可以附著牠們。」耶穌答應了，於是他們立刻跑入豬群。豬都和瘋了一樣，一齊竄入海裡淹死。這個豬群共有兩千頭豬。

⑲ 《馬太福音》第二十一章第十七至二十三節。耶穌一天早上在伯達尼（Bethany），見樹無果，大失望，於是咒道：「令你自此以後，永不生果。」於是樹死。

⑳ 《約翰福音》第五章第一至第十節。在耶路撒冷一個羊市附近有池，池名畢士大池；其意即池上有五個洋臺。這些洋臺之上有許多瞎眼、拐腳、乾萎的病人，皆候池水之動。因爲他們聽說有一位天使，間或來撩撥這池中的水；水動以後，第一個人下水的，立刻可以去病。其中有一個人等了三十八年之久，沒有人扶他下水，所以每回都被人搶先去了。耶穌於是對他說：「站起來，拿著你的床，走。」這個人立刻能站起來行走，病也好了。

金錢於兒童叢中，視其所搏而供擲者娛玩：天使撩池水來消閑，何以異此？」更舉一女子牽耶穌聖袍而癒血症的故事，㉑他問道：「假使不將此事託於耶穌，而託於當今羅馬教皇，說他能如此醫好血症，則新教徒又將云何？不將曰，『哼，一個愚蠢而輕好迷信的女子，幻想他有無關痛癢的小恙，因此而癒；於是權術的教皇及其徒羽，為想求流俗的讚揚，乃張大其詞，將此無根據的醫療，化成靈蹟。』假設此等假託靈蹟的事，出於教皇，則眾口交謫自非難事；但是假設如果遇到不信基督教者，猶太教人或回教人，其對於耶穌的觀念，不越於我輩之於教皇，來批評此項《聖經》的靈蹟，不留餘地，大家又將奈之何呢？」

伍爾斯頓自稱對於《聖經》所含的啓發，不生疑問。當他論到假定《聖經》靈蹟，可以逐字逐句信以為眞的時候，裝作相信一種荒誕虛妄的學說，以為這些靈蹟，都是用以取譬耶穌對於人類靈魂神祕的運用，有如寓言。但是一涉寓言，即多遁藪。曾有牧師俄利根（Origen）㉒者，不是十分合於正宗的基督教神父，常用寓言方法：伍爾斯頓好引他自便。伍爾斯頓關於批評基督教有力的著作，其價值雖各有高下；然多半都是很致命的。有些近代批評家，把伍爾斯頓的著作，忽略過去，以為「粗俗」，遂不重要：這種態度，極失公平。他的小冊子，當時銷售最廣。他當時聲名之大，可以從一個無聊的青年女子罵他的故事裡表現出來。這個女子在國外遇到他，先輕薄地向他開口說：「你這個老賊，還沒絞死？」伍爾斯頓回答道：「好女子，我並不知道你；請你告訴我，什麼事得罪了你？」他說：「你寫東西反對我的上帝；若是不為了我親愛的救主，我可憐有罪的靈魂，將怎樣辦呢？」

同時有一位田德爾（Matthew Tindal）[23]是牛津大學萬靈學院（All Souls）的研究教師，——更從大體上攻擊聖靈啓示之說。在他的著作《基督教與創造同庚》（*Christianity as Old as the Creation*，一七三〇年出版）一書裡，明說以《聖經》爲聖靈啓示之作，實屬多餘。因爲他對於自然神論之說，毫不能百尺竿頭，再進一步。自然神論，卻是上帝最初藉理性的光明，以啓發人類的。他說那些同意於自然神論而又去擁護聖靈啓示的宗教的人，因此建理性與權威的兩重政府，實於兩者各無一當。據田德爾的意見：「這是一個無法解決的

㉑《路加福音》第八章第四十三至四十八節。一個女子患血症（bloody flux）十二年，遍覓醫生而不能癒。她偷偷地躲在耶穌背後，牽著耶穌的袍，於是就好了。被耶穌發現，問她爲什麼牽祂的袍。女子跪在耶穌面前，向大家解釋理由。耶穌說：「安樂的女兒，你的信仰使你達於平安。」

㉒俄利根（Origen, 182-251）爲在亞歷山大港（Alexandria）著名之基督教牧師。蘊於希臘哲學，常以柏拉圖玄學談基督教，好作寓言後遭慘死。

㉓田德爾（Matthew Tindal, d. 1733）英國自然神論者。初治法學，後歸羅馬舊教。及見舊教之愚妄，於是歸入英國國教。著書主張政權當在教權之上，書多被禁。其《基督教與創造同庚》一書，名“*The Gospel, A Republican of the Religion of Nature*”視爲自然神論之《聖經》，當年極受攻擊。

連環：一面要證明這本書是眞的，說因爲他所含的教義是眞理；一面又要斷定那些教義是眞理，說因爲他包含在這本眞書裡面」，他進而逐條批評《聖經》。他以爲既要認《聖經》永無錯誤，又要他不與理性衝突，則遇《聖經》中不合理性之處，只得讓《聖經》委屈一點，讓我們且不按字求義去解釋。但是你想如果不按字求義以解釋《可蘭經》，則《可蘭經》還可維繫回教徒嗎？「不然，你何不直接告訴他，他聖靈啓示的天書，倒遠不如西塞羅不受聖靈啓示的著作，永不須離本文而受曲解，亦正自能通呢？」

《聖經》中年代及事實上諸錯誤，足以危及《聖經》無謬的觀念。於是有一位牧師曲爲說詞，以爲在《聖經》中上帝對什麼人所懷的觀念，說什麼話；至於覈正他們本來對於事物的意見一層，與聖靈啓示無關。田德爾反駁道：

「關於那點，我們不能不認清上帝不糾正人的錯誤，與上帝反自己跟著人用那些應當糾正的錯誤，應有分別；上帝縱使不修正人類邏輯與詞令的缺陷，難道自己也應當沿用這些缺陷；上帝縱然不願意違反流俗，難道上帝反當順隨流俗以肯定其錯誤。這種差異，豈可不有分辨。難道那所謂無窮的智慧，不藉此等卑劣行動，也不能獲得與保持人類對於他感情上的依附嗎？」

他暴露那種專賣「得救」的主義之危險可怕，頗見效力，他問道：難道我們不須想想，若是一個人從天國下來，就把天門關了（這扇天門在他未來以前，倒是開著待一切順著理性之人的），難道可以說是從天國派來做人類救主的嗎？他按從著自然的事理，批評基督教所傳耶和華（按即上帝）及其聖哲的行動，是與上帝全善無私之說，不相容而上帝無以自圓的。如以利亞（Elijah）爲懲罰不信上帝之亞哈君王（King Ahab）而使其地三年有半不雨，危害許多無辜；[24]以此罰人，亦違反自然法的一例。若是上帝在這一次會破壞自己的常法，因懲有罪而害無辜，則我們誰能擔保他縱使不把這種辦法加於我們的此生，就不把他加於我們的來世；「因爲永垂公道的法律一破，誰能想像其不再犯？」《舊約》書中所謂神聖與至公的理想，尤屬離奇。其所述之人越神聖，則其行動越殘忍而越好咀人至死。以神聖的先覺如以利沙（Elisha），只因小孩子們叫他做「禿頭」（Bald-pate），遂以上帝之名，咀之欲死，已經令人驚異了！而更可驚異的，就是還有兩隻母熊立即應命出來，吞噬了四十二個小孩子。[25]

---

[24]《舊約．列王紀》上，第十七章。王亞哈（King Ahab）很壞，崇拜異端之神。以利亞爲基列（Gilead）之居民，傳上帝之諭向亞哈說：「他在位的幾年以內，雨露當不下降於他的國土。」

[25]《舊約．列王紀》下，第二章第二十三至二十四節。以利沙是亞伯美侯拉（Abel-meholah）人，其名字的意思就是「上帝是救星」。他是諸位先覺的兒子之領袖，以權術和外交得勢。他有一次赴伯特利（Bethel），途遇一群小孩子，問他說：「向前走，禿頭；向前走，禿頭。」他回轉身來，用上帝的名字咒他們。於是突然樹林之中來了兩個母熊，把四十二個小孩子一齊吃了。

我在前面說過，當時一般的神學家，也都以理性不以信仰來談基督教。其時有一本有趣的小書，用信札的體裁，作爲寫給牛津大學一位青年的。書名《基督教不根據於辯論》（*Christianity not founded on Argument*），爲多德威爾（Henry Dodwell, Junior）[26]所著，於一七四一年出版。此書指點出談宗教而涉及理性的種種危險。以嘲諷深刻的詞令，發展貝爾的主張，以爲基督教根本上就不合乎理性；以爲如果你要仰信仰，則談理性就是致命的打擊，培養信仰與培養理性的結果，是相反的；哲學家的現世智慧越進步，則越不配受神聖的影響；承受《福音》的人必須柔順屈服，有如嬰兒，除了悉心聆教之外，沒有他念。基督並不是拿出他的教條來，供人考察的；他並不曾對於他的門徒之前，把自己使命拿出來討論，給他們時間去靜想他立論得當否；他更不給他們自由去按著理性下判斷；這些門徒，不過是當年不學無術的一般人，就叫他們去做，也沒有資格去做這類的事。所以多德威爾暴露新教欲以理性說教的辦法，完全不通。一方面給一般人以自由，使其自行決斷；他一方面又同時希望他們與牧師的心思，同出一軌：持這種計畫以謀宗教信仰的一致，世間絕沒有怎樣無用的人，會把他認眞存諸想像；也沒有怎樣強而有力的人，敢以貫徹他引爲己責。多德威爾說假如當年羅馬人在，「將持凡能考慮者所共有的判斷，以定這個時代的人的罪狀；因爲他們僅發明《聖經》無誤之說，已屬執謬難通，而今日教徒以理性解釋宗教，其執謬難通之處，更大於《聖經》無誤。」

此處還須說到沙夫茨伯里伯爵三世（The Third Earl of Shaftesbury）[27]。他藉文章的體裁，使其著作，至今尚不盡爲世人所忽視。他的特別興趣，在於倫理。當他的時代，許多有價值的著作，成自不奉正宗的著作家，對於超越自然的宗教，都下攻擊的批評；然而他們自己還抱著所謂自然神論——就是相信一位聰明仁愛具人形的上帝，創造世界，治以自然法則，認人類的幸福爲指歸。這種思想，是由古代哲學家出發。當英國詹姆士一世在位的時候，赫爾伯特（Edward Herbert）[28]爵士在其以拉丁所著之《論眞理》（*On Truth*）一文中，重倡此說。當時持自然神論者爭謂即此已足爲道德根據，至於基督教其他使人行善的引誘，僅可不須。沙氏在他的《原德》（*An Inquiry concerning Virtue*，一六九九年出版）一

㉖ 多德威爾（Henry Dodwell, Junior, d. 1784）爲英國學者而兼神學家 Henry Dodwell（1641-1711）之子。父曾任牛津大學歷史教授，其學問文章深爲吉朋所欽佩。子以著《基督教不建設於討論之上》一小冊子著名，與當代學者米德爾頓（Middleton）等辯靈蹟。

㉗ 沙夫茨伯里伯爵三世（The Third Earl of Shaftesbury，原名 Anthony Ashley Cooper, 1671-1713）英國世族。據他自己說一件有趣味的事，就是他父母的婚姻，是在洛克住宅定的。他小時所受的教育，是照洛克《教育漫話》（*Some Thoughts concerning Education*）中的原理實行。他於哲學與宗教思想，頗多貢獻。其著作有"*The Moralists, A Philosophical Rhapsody*"、"*Characteristics of Men, Manners, Opinions, Times*"。

㉘ 赫爾伯特（Herbert of Cherbury，原名 Edward Herbert，1583-1648）英國外交家、歷史家、宗教哲學家。

書中，即辯論這個問題，以為天堂地獄之計畫，只足以激發自私的希望心與恐怖心，適以敗壞道德；人類操行唯一可貴的動機，乃是道德本身的美感，他甚至於不以自然神論，為道德上所必須的假定；他承認無神論並不損害倫理的基礎。不過他以為相信宇宙間有一位很好的主宰，也可以為實踐道德時有力的援助。他是一位純粹樂觀者；他認為世間這種假手段以達目的的行為，如動物界弱肉強食，也同是可稱許的適應。他並不想去調和張開血盆口的自然，和仁愛可親的偉大天工。從他樂觀的眼裡看去，「就萬事萬物的大體論，都具仁和良善的稟賦。」雖然無神論者情願聽命於盲目的機遇，而不願意聽命於依沙氏秩序安排，造蒼蠅以供蜘蛛吞噬的獨裁造化主宰。但是這方面的宇宙觀，並不甚為十八世紀思想家所注意。而他方面如沙氏看見《舊約》中所述上帝的品格，卻大生反感。他攻擊《舊約》的方法，不取直接，僅以引徵諷刺出之，他的意思以為若是果眞有一位上帝存在那裡，則其對於持無神論者之不歡，當遠不及對於宗教中人將彼託體為耶和華者。正如普魯塔克說：「我情願世人說自古至今永不曾有人叫做什麼普魯塔克，而不情願他們說：『曾經有一個普魯塔克，是一個不著實、好變動、易挑怒而喜報復的人。』」沙氏的重要，在於能建設積極的道德學說；雖然他立說的哲學根底不深，但是當十八世紀時，在德、法兩國發生的影響卻很大。

從好幾個方面來看都是最能幹，最有學問的自然神論者，要推長老米德爾頓（Convers Middleton）[29]他終身不曾脫離教會。他贊助基督教，只是因其有功用。他說假設基督教純為騙局，也不當毀壞他。為他經法律規定，且有很長歷史的背景以為之助。傳統的宗教，多少是必須的；欲以理性代基督教，是絕無希望的事。他的著作中，包含許多有力的辯論，卻都傾向於搖動聖靈啓示說之基礎。其中最重要的，就是關於基督教靈蹟一書，名爲《自由探討》（*Free Inquiry*，一七四八年出版）。這本書把一個老問題搬出來，置於新發射的和很危險的光線之下；這個問題就是：從何時起，教會才喪失實演這些靈蹟的力量？以後史家吉朋研究這個問題，就用米德爾頓的方法，下面我們可以看見。

當時非自然神論的宗教家，也採取敵人的方法，訴諸理性；但是一訴諸理性，就陷落了宗教的權威，巴特勒（Joseph Butler）[30]牧師《自然宗教與啓示宗教之類比》（*The Analogy of Religion, Natural and Revealed, to the Constitution and Course of Nature*，一七三九年出版）一書，可謂信仰最有力的辯護；猶不能免惹起疑問過於解答疑問的嫌疑。政治家皮特從此書所得的經驗，就是如此；而功利主義哲學家詹姆斯・穆勒（James

---

㉙ 米德爾頓（Conyers Middleton, 1683-1750）英國宗教家。以宗教辯論著。其重要著作爲《自由探討》及 "*Introductory Discourse*" 二書。其論靈蹟，不稍涉含糊態度；按其所說則間接推論，推爲（一）不承認靈蹟即須否認；（二）當時成立靈蹟的證據不可靠而不足信。

㉚ 巴特勒（Joseph Butler, 1692-1752）英國宗教家與哲學家。其最著名一書爲《自然宗教與啓示宗教之類比》，全名 "*The Analogy of Religion, Natural and Revealed, to the Constitution and Course of Nature*"。

Mill）[31]反因此書而不信宗教。自然神論者持論，以爲聖靈啓示中不公平而又凶殘的上帝，不足爲自然界的上帝；巴特勒則指著自然界向我們道：你看那裡正是一樣的凶殘不公。這種辯論，以之反對沙夫茨伯里伯爵三世的樂觀主義固然很好，若是以之擁護宗教，則其所得的結論，顯然與巴特勒所期的相反：這結論就是大家認爲公正仁慈的上帝，並不存在。巴特勒因爲要持理性立論，反被迫回到懷疑主義的立場，承認自己絕對不知道這些基本的道理；轉一步乃認爲凡事均屬可能，即永久的地獄火亦屬可能；再轉一步乃認爲此等問題，既無法解決，則最安穩而最小心的辦法，唯有接受基督教教義。這種轉變論調法，大可注意，因爲只須換動幾個字，則在麥加（Mecea）[32]的回教，與在廷布克圖（Timbuctoo）[33]的他項宗教，也何嘗不可同樣應用。實際上巴特勒只把當年帕斯卡爾的立論，重提一遍，就是：若基督教於萬一中，而有眞實的機會，則個人爲其本身利益起見，也當做一個基督教徒；因爲如果基督教被證明是假的，則於信之者毫無損傷；如果被證明是眞的，則於他永久有利。巴特勒搜盡理由，只不過證明基督的眞實，僅是一種可然（probability）這種努力，在道德與知識的價值上，至多不過與帕斯卡爾同等。循此可然之說以推，則英國國教徒最好轉入羅馬舊教。爲什麼呢？因爲照法王亨利四世[34]所持理由，舊教徒與新教徒共同承認舊教徒可以得救；但是舊教徒宣告新教徒罪無可赦，不能得救；論得救的可然範圍，自然以信舊教爲大，所以最安全的辦法，也莫過於歸入舊教。[35]

以上關於英國的幾位自然神論者，論列稍長，由於他們在英國理性主義史上，占重要地位；並且因爲他們與貝爾提攜，供給英吉利海峽彼岸許多思想，經彼處精越的著作家陶鎔以後，遂風靡法國的知識階級。我們現在論到伏爾泰的時代了。伏爾泰是一個深信自然神論的人。他認爲宇宙的本性，足以證明宇宙是有意識的大匠所造。他認爲上帝的觀念，有益於人類操行；他極反對無神論。他的大貢獻就是他用極有效果的工作，以爭寬容；以系統井然的戰法，把迷信掃除。他頗受英國思想家的影響，其中以得自洛克及博林布魯克（Bolingbroke）㊱二氏者爲尤深。博林布魯克不信宗教的心理，雖和他終身接近的親友也

㉛ 詹姆斯・穆勒（James Mill, 1773-1836）英國哲學家、政治經濟學家。與邊沁（Bentham）同倡功利主義，開偉大學派。其子爲約翰・史都華・穆勒（John Stuart Mill），故有老穆勒之稱。

㉜ 麥加（Mecca）爲回教聖地，在亞拉伯。其教徒雖在遠方，多朝其地膜拜；而朝麥加與耶教中人敬耶路撒冷等。

㉝ 廷布克圖（Timbuktoo）在法屬西非。爲撒哈拉（Sahara）沙漠中駱駝車輛匯集之地。回教經過者尤多。

㉞ 亨利四世（Henry IV）一五八九至一六一〇年間法王。

㉟ 參考 Benn: "*Rationalism in the Nineteenth Century*"，第一卷第一三九頁以後諸頁；因爲關於巴特勒的詭辯與遁詞，悖於名例之處，此書的暴露最好。——原注

㊱ 博林布魯克爵主（Viscount Bolingbroke，原名亨利・聖約翰 Henry St. John, 1678-1751）英國政治家與著作家。關於哲學著作有 "*Concerning the Nature*," "*Extent and Realities of Human Knowledge*," "*On Authority in Matters of Religion*" 等。

不知道，他亡命法國甚久；所著關於理性主義的論文，死後方才印出（一七五四年）。伏爾泰以文學天才，把這些英國思想家的工作化成瀰漫世界的力量。他反對基督教的激戰，直至十八世紀中葉以後，當迷信的實施與宗教的殘迫，在法國漸成笑柄的時候，方才開始。他以譏諷訕笑，從各方面攻擊羅馬舊教。在一本小書，《狂惑主義之塚》（*The Tomb of Fanaticism*，一七三六年著，一七六七年出版）裡面，他開章就是描寫一個人接受宗教，毫不審查，正如牛馬無言而受犁軛一樣（其實許多人都是如此）；接上就校閱《聖經》中難於解釋之點、和基督教的起源與教會歷史的經過；根據這些事實，再下結論，以為凡是頭腦清楚的人，應當對於基督教的宗派，懷恐怖之心。「人眞是瞎了眼，不另信一種簡易普遍的宗教，而去承受一種愚妄不通、血汙狼籍的信條。助這種信條的是宗教殘殺，環著它的是炮烙火鍊。只是能藉它得財得勢的人方去贊助它，所以它只是一種特殊的信條，爲世界上小部分人所承受的。」這是他的話。在他的《五十人之講道》（*The Sermon of the Fifty*）及《柴伯達之疑問》（*The Questions of Zapata*）二書中，我們可以看出他所受於貝爾及英國批評家的影響；但是他的詞鋒更要伶俐，他的諷刺更易領略。有如他評《舊約》中地理上的錯誤，只是說：「上帝關於地理的知識，顯然是不見好的。」說到羅特之妻，因爲違反上帝的命令回頭一望，即罪大惡極，化爲鹽柱的故事，[37]他說《聖經》的故事，縱然不能使我們啓悟，也應當使我們受點好的影響。他攻擊基督教義最好的方法，就是把自己當作一個完全不知道基督教的人，彷彿第一次聽到世間有基督教徒或猶太人存在。

所著的《沙爾》（*Saul*）一劇（一七六三年），警察要想禁止的，把那上帝最得意的大衛之凶殘可怖行爲，赤裸裸地表現出來。看其中撒母耳（Samuel）責備沙爾不殺亞佳格（Agag）一幕，可以見全劇命意所在的地方。㊳

「撒：上帝命我告訴你，祂悔恨叫你做了國王。」

「沙：上帝也悔恨！只有做錯了事的人才悔恨，祂無窮的智慧不會不聰明，上帝不會做錯事。」

㊲《舊約．創世紀》第十九章第一至第二十六節。索多瑪（Sodom）與蛾摩拉（Gomorrah）兩城不德。上帝派了兩個天使，來毀滅兩城。天使寓羅特家，感羅特，囑其攜妻女逃；但逃時不得回顧，回顧則上帝怒。羅特攜一妻二女逃；甫出境，則上帝使烈火毒雨齊撲兩城而城全滅。羅特之妻違命反顧，立化鹽柱。按死海之上有鹽柱，洞明爲結晶體，形略似人；猶太人造《聖經》時不得解釋，遂構成此事。更可參考安德魯．迪克森．懷特（A.D. White）：《科學—神學論戰史》（*A History of the Warfare of Science and Theology*）一書第二部分第十八章。此書爲敘宗教與科學戰爭最有名著作之一。

㊳沙爾（Saul）爲 Kish 的兒子，以尋父親的失驢而訪上帝所派的先覺撒母耳（Samuel）。撒母耳傳上帝命令，任其爲以色列王平 Philistines。亞佳格（Agag）爲 Amalek 王，以沙爾所敗，但沙爾恕之，而爲撒母耳所殺。事見《舊約．撒母耳記》上。

「撒：祂卻悔恨曾把那做錯事的人放在王位上。」

「沙：呃，誰不做錯事？告訴我，我有何罪？」

「撒：你饒恕了一個君王。」

「亞：什麼！難道在猶太地方，當以辦罪爲最高的美德？」

「撒：（向著亞）莫做聲！不要侮蔑上帝，（向著沙）沙爾，猶太的廢帝，上帝不曾教我告訴過你完全毀滅亞瑪力人（Amalekites），連婦人也不留，處女也不留，懷抱中的小孩子也不留？」

「亞：你的上帝——發這樣的命令！你錯了；你所說的是你的魔鬼。」

「撒：沙爾，你何曾服從上帝？」

「沙：我不相信這種的命令是眞的。我想善是上帝第一個條件；我想仁慈的心腸，不會得罪了祂。」

「撒：你錯了，不信上帝的人。上帝責罰你；你的王權，就要過到他人手上去了」。

在信基督教的國家中，恐怕沒有第二個著作家還比伏爾泰遭恨的了。他被人看作反對基督教的叛逆。這是自然的；因爲他對於基督教的攻擊，在當時發生效力很大。但至今他還有時被人非難，以爲只能破壞，而不曾用力在破壞以後，從事建設。這種責難，未免眼光太狹小了。這個回答很容易：正當著地下溝渠，傳播疫症的時候，我們豈能等候新水道造成以後，才把舊的破壞。將當時法國所實行的宗教，比作有毒的溝渠，並不爲過。但是眞正的答案是：知識和文明的進步，其需要批評和消極的破壞，正如需要建設和積極的發現一樣。如一個人有力攻虛僞、成見和騙局的天才，他的義務，如果他有任何社會的義務，就是把這副天才應用。

論到思想的建設方面，我們須求諸他位法國思想的領袖，盧梭。他對發展自由的貢獻，另闢途徑。他是一個自然神論者；但是他的自然神論，與伏爾泰的不同，是宗教性很深而感情作用很重的。他對於基督教取一種帶尊敬態度的懷疑主義。他的思想卻又是革命的，與正宗不相容的；這種思想，反對任何範圍以內的權威，具有絕大的影響。教會牧師怕他的學說，怕恐比伏爾泰的嘲笑與反對更要厲害，盧梭在各處流離顚沛的，很有幾年。《愛彌兒》（*Émile*）一書，爲教育學說中最精越的貢獻，出版於一七六二年。其中論宗教最著名的爲〈一個薩瓦牧師所持的宗教信仰〉（The Profession of Faith of a Savoyard Vicar）幾頁，極力否認聖靈啓示與神學，而肯定著者自然神論的信仰。這本書在——巴黎被焚，著者也被通緝。被朋友所迫，盧梭出亡；但是舊遊地日內瓦的政府，步武巴黎，拒絕他入境。他遂逃往伯恩（Bern），又被該處迫令離開。他於是逃往屬於普魯士的紐沙特（Neuchâtel）市。普國國王腓特烈大帝爲當時眞能實行寬容的君主，給他保護；但是該地的教士還要加以危害誣謗，若非由於腓特烈大帝的袒護，他早被逐了。待一七六六年間，他去英國住了幾月，再回法國，一直到死，不曾再受騷擾。盧梭的宗教觀念，不過是他離經叛道的玄想中之一小點。其實爲世界放大火者，還是他勇邁無前的社會與政治哲學，他的《社會契約論》（*The Social Contract*）就是發表這種學說，曾在日內瓦被焚。雖然他的學說有些經不起一會兒的批評，而且他的主張，有時動人狂熱，足以貽害，但其打倒階級特惠，建設國家必爲全體謀幸福的原理，實於人類的進步，大有貢獻。

自然神論——無論其託爲盧梭的半基督教主義或伏爾泰的非基督教主義——總是流沙上的建築，其基礎一經法、英、德各國繼起的思想家撼搖，即須震陷。在法國則自然神論不過是到無神教去中途的旅館。一七七〇年霍爾巴赫男爵（Baron D'Holbach）[39]的《自然的體系》（*The System of Nature*），震駭一時。在此書之中，上帝的存在及靈魂的不滅，均被否認，世界被宣稱爲自動不休的物質。

霍爾巴赫與反對自然神論的狄德羅（Denis Diderot）[40]是朋友。當時凡反對教會的重要見解，都包括在狄德羅的大工作《百科全書》（*Encyclopaedia*）。此書是一班領袖的思想家所合編的，並不僅僅是一部科學的參考書，乃是一切反對宗教運動的代表。他的目的是要引導人類離開基督教人類，生來有罪的觀念，到另一個新觀念去，使人類知道這個世界，並非能弄得滿意，其中實有的罪惡，非由於人類的天性中有了不得的過失，乃是由不良的社會和不良的教育所造成。他把人類的興趣，從宗教訓條引到社會改革。他勸當世不從聖靈啓示，而從社會演化裡去求人類的幸福——這是狄德羅、盧梭殊途同歸，很出力收效的事。

他們的事業，不但影響到一班不曾放棄正宗信仰的人士；而且影響到教會內部的精神。一比較法國十八世紀的羅馬教會，與十九世紀的羅馬教會，就看出這種影響來了。假如沒有伏爾泰、盧梭、狄德羅及他們的同志作我當時教會內部，豈有改良的希望。莫萊（John Morley）㊶爵主說得不錯：「那些脫離一切教會的大師，雖被教會按名宣稱爲人類靈魂之

㊴ 霍爾巴赫男爵（Baron D'Holbach，原名保爾-亨利・提利 Paul Heinrich Dietrich, 1723-1789）法國哲學家、文學家。原爲德人，生於 Heidelsheime。好治哲學，而尤好狄德羅派之學說。豪富好客，如：愛爾維修（Helvétius）、狄德羅（Diderot）、孔狄亞克（Condillac）、杜爾哥（Turgot）、布豐（Buffon）、休謨（Hume）、盧梭（Rousseau）皆曾館於其家。一七六七年發表一著作名“*Le Christianisme dévoilé*” 以基督教及他項宗教，均爲一切人類罪惡之源。一七七〇年發表《自然的體系》（原名 *La Système de la Nature*）尤明張旗鼓地攻擊宗教。

㊵ 狄德羅（Denis Diderot, 1713-1784）法國文學家、思想家、百科全書者。博學多聞，認爲自然科學爲學問蹊徑，遂以廣播科學自任。與達朗貝爾（D'Alembert）、杜爾哥（Turgot）等，成立「百科全書派」；盡數十年之力，成《百科全書》（*Encyclopaedia*），爲當時空前之作，風行一代。後受教廷干涉，曾於一七五九年被禁。狄德羅轉移當時風氣，勢力極大。

㊶ 莫萊（John Morley, 1838-1922）爲當代英國學者與政治家。其關於法國思想啓明運動諸人之論傳，如盧梭（Rousseau）、伏爾泰（Voltaire）、狄德羅（Diderot）、百科全書派（Encyclopédists）等書，傳誦尤廣。

敵，然其新闢的光明，比較更寬恕的道德觀念，和比較更高尚的精神生活，苟非教會的公式所不能容者，都被基督教會急忙地吸收。」

流行英國的自然神論思想，在知識上的效果，雖與法國不同，然十八世紀最大的英國哲學家休謨（David Hume）[42]，就明白指出一般引以證明「類人上帝」的理由，是不能成立的。請先言休謨討論靈蹟（見《論靈蹟》〔*Essay on Miracles*〕及《人類理解研究》〔*An Enquiry Concerning Human Understanding*，一七四八年出版〕兩書中）。在此以前，《聖經》靈蹟可靠與否的問題，不曾離開神學假定，受過普遍地審查。休謨點明，以爲既屬靈蹟，自必與一切的經驗相反（不然則不足當靈蹟之名），所以關於靈蹟的證據，也必須較關於普通不悖經驗事物的證據，更爲強固；他於是立下法言，以爲「沒有證據可以比得上證明靈蹟，除了他有這種資格，證明他自己的眞確至此程度；假設他不眞，則其不眞的不可思議且過於其所欲證靈蹟之不可思議。」但就事實來論，宗教裡絕無這種證見，可以反證其不眞確是不可思議的，從歷史上，我們也絕找不出任何靈蹟經過充分人的反覆考按和證明。這些人自然當絕對有清晰的頭腦，充分的教育和學問，使我們能深信他們不至於自己受騙；他們並且當有絕對健全的人格，使別人絕不能生他們會有欺人舉動的懷疑；他們更須有怎樣的社會地位和信用，假設使他們有欺騙舉動而被覺察，則他們自己的損失一定很大，是他們不願犧牲的，同時還須他們將證明經過的手續，對於大眾公開到怎樣的地步，使任何破綻，絕無倖免之可能。這些條件，都是採取人證事前必須的擔保。把這作爲標準，可見基督教所說的證見，眞是毫無價值了。

在《自然宗教對話錄》（*Dialogues concerning natural religion*，於一七七九年死後出版）裡，休謨攻擊宇宙成於意匠之說。他稱之謂"argument from design"，表現這種立論，只是出自他們自己的容心。自然神論者及基督教徒，皆持此說以證明上帝的存在。此說即以世界上事事物物所表現的，顯然是一位大匠的安排。如種種手段對於目的的適應，茍非有一個非常的智慧，爲之審慎計畫，還有什麼理由可以解說。休謨非難這種推論的理由是，即假設有一個聰明的主宰，安排萬物，也不足以爲充分的因，解答世界的果。因爲這種推論，是根據一種先假，以爲物界的系統，必由於一組若合符節的概念系統，而後能夠產生。這種心界的系統，他認爲就是物界系統的因，而不想到心界的系統本身，對於自己的存在，也須同樣去尋解答。如此層層相推，我們墮入無限的因中，對於這問題還是不能解決。退一步說，即假定以上的話，可以說得過去，能夠證明上帝的存在，但其所證明這位上帝，雖在權力上較人略勝一籌，但其權力既屬有限，而藝術也很不高明。如有較好的標準，拿來和現

㊷ 休謨（David Hume, 1711-1776）英國哲學家。經驗哲學重鎭。上承洛克、下啓康德。其精刻的懷疑主義，極富刺激性。重要著作等除《人類理解研究》（*An Enquiry Concerning Human Understanding*）外，有《人性論》（*A Treatise of Human Nature*）、《自然宗教對話錄》（*Dialogues concerning Natural Religion*）等。

在的世界比較，則這個世界，也許是造得大錯特錯。也許他是第一件粗率的實驗，由一位「孩提的上帝」造成，以後他不但丟了，而且談起這笨拙的工作，動輒汗顏。也可能是一位比較不高明的上帝之工作，還要在大方家前貽笑；也可能是一位衰老退休的上帝在暮年有此作品，自他死以後，這種遺下的工作，秉著他最初給予的生機，自己去開闢了許多冒險的經歷，至今還未完成。這種把上帝推來推去的辦法，無論爲自然神論或基督教的目的，都可謂非徒無益，而又害之。

對於一般人，則休謨懷疑派哲學的影響，還不及吉朋的《羅馬帝國衰亡史》。在十八世紀英國無數的自由思想著作之中，只有這書還是現在大家共讀的一種經傳。英國文學家約翰生（Samuel Johnson）[43]博士的一位女朋友所稱爲「咄咄逼人，令人不耐」的兩章（第十五、十六兩章），裡面就是把基督教起源和成功的原因，第一次當作普通簡白的歷史現象，來作批評的審查吉朋和當時多數的自由思想家一樣，因爲考慮到著作有被告發和追究的可能，所以對於正宗的教義，加上一層含嘲帶諷的口頭推尊。不過縱令吉朋不顧慮到這層，任其自由選擇攻擊正宗的武器，我想他應用得最揮灑自如、刀刀見血的，也莫過於嘲諷的詞命。開始略稱基督教勝利的原因，已經上帝御宇的慈悲，和他令人折服的教義，有過明白圓滿的解答，他的工作，不過是謙卑的進而求其次要的原因。他遠溯宗教信仰的歷史，訖於君士坦丁時代；其敘述方法，清楚到這地步，能使讀者一看而知神聖干預的假說，是多餘的；而我們所應付的問題，只是一個純粹人類發展的問題。帶著嘲諷的詞令，他臚列顯著的理由，反對所謂神聖統治的證據。他自己並不批評摩西及諸先知者，但是他重述那些所謂「勞而無功，對於基督教爲異端的通靈達幽之說」所持以反對摩西諸人的權威之意見。他注意到靈魂不滅之說，在摩西誡中，並沒有的；不需說，這指上帝一種不可思議的免除。我們對於「那些無識的，不分明的汙點，歷來被人妄加諸最初基督教先進身上的」，已經無法完全洗去，只是我們應當「不再傳播這種笑話，而去把他當作鄭重的問題研究。」是好是壞，我們也無所用其諱飾。應當知道：「若是我們見得當年基督教徒的一切生活知識狀況越低，則他們的好處與成功反而越足使我們稱讚。」

吉朋《論靈蹟》，純取歷史的眼光（他得力於米德爾頓之處甚多），尤其厲害。當基督教早興之年，「多少人爲顧全教會利益起見，常將自然律擱起來不研究。但是有些希臘羅馬的賢哲，能離開宗教著色的眼鏡，順著通常人事的生活，繼續研究。只是他們雖爲專門研究之人，卻不覺得有什麼天人相應之變。如基督教記載所傳，當提比略（Tiberius Claudius Nero）㊹皇帝在位的時候，全世界，至少也在羅馬帝國著名的一省之中，天地有非常變異，

㊸ 約翰生（Samuel Johnson, 1709-1784）英國文學家；主持十八世紀英國文壇，有左右一切之勢。其字典係英國文字中的創作。他的學生詹姆士·包斯威爾（Boswell）爲他所作的傳，至今傳誦過於約翰生本人任何的著作。

㊹ 提比略（Tiberius Claudius Nero, 42B.C.-A.D.37）羅馬皇帝。昔爲凱撒（Julius Caesar）之大將。曾治希臘學問，而好占星之學。

完全昏黑三小時。這也是一種靈蹟。假設如果有這種靈蹟，自當激動一時人類的驚疑，奇異和虔誠心了。不意當此科學與歷史占勢力的時代，這件事竟悄悄地經過，不曾被注意到。何況此事發現，正當辛尼加與老普林尼（Pliny）㊺生在之時；他們對於這件變異的因果，當曾親自經歷，或早有聞知；何以這兩位哲學家，於各自的精密詳慎著作中，關於當時一切自然界發生重大的現象，如地震、流星、彗星、日月蝕等，均以不倦的好奇心，廣事收集；卻對這個天地全黑，爲有地球以來最大的現象，是肉眼所能親見的，反而各無所載。」「這班異端的和哲學的學者，於上帝造的證據，只要感覺並不須理性都可以經驗的，竟毫不注意；如此疏忽懶散我們怎麼可以饒恕呢？」

還有一層，若是每個信徒深信靈蹟爲眞，但每個有理性的人也同時深信靈蹟已不再現。以前每個時代都有靈蹟的證據，確鑿可信，不讓前代。但是從何時起，這些靈蹟遂不復現呢？難道所謂看見眞靈蹟的最後一代，也不能把他們與後來假圈套辨別嗎？難道人類忘記「神工的儀態」，如此之速嗎？按這推求，可見所謂靈蹟，都是眞僞莫辨的。但早年教徒的輕信心，或可謂「柔順性」，以此竟湊巧對於他們所信宗教和眞理的前途，發生益處。「若在近代，則雖於最虔誠的秉性之中，也緊附著一個潛伏的、不自覺的懷疑主義。他們對於超自然界的眞理，多非積極地認可，而是被動地默從。多年來習於觀察和尊重自然界不移之律，我們的理性，至少也是我們的想像，已久不作維護上帝顯然的動作之準備了。」

吉朋對於宗教的材料，不及做一番細細批評的功夫，爲其後一世紀的人根據他的材料所做的；但是他的著作，以宗匠之材，現表歷代牖於成習的早年基督教會史，其中許多重要方面，至今還完全可靠。我以爲他的重礮隊在後世知識界上所留的效果，比伏爾泰的弓弩隊實勝。因爲他的書是關於中世紀唯一的大歷史，至今還是不能少的；連最合正宗的基督教徒，都少他不了；所以他的毒性，也常常收效。

以前我們說過，怎樣在十八世紀上半，神學的爭端，集中到討論啓示的宗教是否與自然的宗教相容不悖的問題。到這世紀中葉，自然神論對於正教攻擊之點，幾乎列舉盡了；正教方面，以爲他們對於這些攻擊，都已圓滿答覆。但是這些答覆並不曾充分表現聖靈啓示之眞正合理盡情，證明他不是虛造而有可靠的歷史根據。休謨與米德爾頓對於靈蹟的批評（米德爾頓之作，發表於一七四八年），正是針鋒對著這點。佩利（William Paley）㊻於是又出

㊺ 普林尼（Pliny, the Elder 原名 Gaius Plinius Secundus, A.D.23-79）科學家、史學家。其學頗受辛尼加之影響。善治植物學，著《自然史》（*Naturalis Historia*）極著名。以精深的目光，綜合自然界之事實；其所收輯，據著者自稱有二萬件。又著偉大之《日耳曼戰爭史》（*History of German Wars*），凡二十卷，爲偉大著作。

㊻ 佩利（William Paley, 1743-1805）英國哲學家與神學家。其著述有《自然神學》（*Natural Theology*）、"*The principles of moral and political philosophy*"、《基督教證據一瞥》（*A View of the Evidences of Christianity*），多爲宗教辯論所徵引。

來答覆，作《基督教證據一瞥》（*A View of the Evidences of Christianity*，一七九四年出版）一書。這書是答案中之最有力的；雖然內容至今已無價值，但那時代爲宗教辯護的著作，還只有這本書有人看看。佩利的神學，頗足表現當時正宗的意見，怎樣於不自覺中，受時代精神的影響。他在《自然神學》（*Natural Theology*）一書中，主張宇宙構成不能離大匠計畫，乃持此說以證明上帝存在——這話對於休謨的批評，並不曾答覆。這種推論，只以爲如錶的結構成於錶匠；故宇宙的組合，必成於神工。佩利的計畫說，多取喻於人身的官能與組織。他心目中的上帝，就是一個會獨出心裁，去應付困難材料的大匠。萊斯利・史蒂芬（Sir Leslie Stephen）[47]說道：「佩利的上帝也和人一樣，受了文化；他也變爲有科學方法的、能獨出心裁的；他對於機械的和化學的製造，只是勝於瓦特（James Watt）[48]或普利斯特里（Joseph Priestley）[49]，可見他還是當瓦特和普利斯特里光芒最盛時代的產品。」只要有一位這樣的上帝成立以後，則一切關於靈蹟的困難，自然可以消滅；佩利的用意，就在根據靈蹟以擁護基督教，其餘的理由，皆是附從。他證明《新約》中靈蹟是眞的，只是由於耶穌的曾親眼看見，是可靠的人證；假設如果沒有這些靈蹟，他們又安肯身體力行，不辭困苦的爲這個新宗教。佩利辯護的態度，很像上帝的一個法律顧問。

在十八世紀英國自然神論者的名單中，有一位收場的人物，他的名字比以前諸人還要熟識，此人就是潘恩。他是英國諾福克（Norfolk）人，移居美洲，爲美國革命領袖人物。以後復歸英國，於一七九一年出版他的《人權論》（*Rights of Man*），分作二部發表。以上我講的思想自由，幾乎盡關於宗教方面；不是有所偏重，只因爲關於宗教的思想自由，可以作一切思想自由的寒暑表。在此處附帶地提明一聲。當十八世紀末葉，在政治方面發表革命的意見，和在宗教方面發表革命的意見，一樣危險。潘恩是熱心讚許美國憲法及幫助法國革命的人（在法國革命中，他也是一分子）。他的《人權論》就是告發君主政體的訴訟狀，而擁護代議民主政體的辯護詞。這部書銷了無數；以後改印廉價本，能達到貧窮階級；政府於是恐慌起來，決計禁止。潘恩逃往法國，在加萊（Calais）一地，受極大的歡迎；把他選爲國會議員。一七九二年之末，他又以攻擊英國君主，犯大不敬罪。在他書裡，有幾段被

㊼ 萊斯利・史蒂芬（Sir Leslie Stephen, 1832-1904）英國傳記家與文學家。以編纂"*The Dictionary of National Biography*"著名。重要著作爲《十八世紀英國思想史》（*The History of English Thought in the 18th Century*）、"*Essays on Freethinking and Plain Speaking*," "*An Agnostic's Apology*," "*Thomas Hobbes*" 等，於思想界頗占位置。基督教多所非難。

㊽ 瓦特（James Watt, 1736-1819）英國蘇格蘭人，爲發明蒸汽機者。爲實業革命之祖，事蹟人多知之。

㊾ 普利斯特里（Joseph Priestley, 1733-1804）英國化學家與物理家。於科學外，兼好哲學；爲 Nonconformist minister 而意見於正教不合。頗受大衛・赫特利（D. Hartley）、A. Collins 之影響。於一七七四年八月一日發現氧氣，可以說是使化學成爲確定科學之第一人。於電學亦有貢獻。

控，如：「一切世襲的政府，生成是暴君政府。」「在不遠的期間，英國想起當年向荷蘭（Holland）、漢諾威（Hanover）、捷爾（Zell）或布朗斯威克（Brunswick）等處四處求君的往事，當不覺失笑。」（此是指威廉三世與喬治一世〔George I〕[50]入承大統的故事）「每年費百萬之資，請位人來，既不懂他的法律，又不懂他的語言，不關他的利害；揆其才力，曾不足以任教區的保甲。若是只求把政府託在這種人手裡，那眞是最容易而簡單不過的事；英國那一個城村之中，找不出這種尸位塞責的材料。」潘恩被告後，厄斯金（Thomas Erskine）[51]做他的律師，發表一篇擁護思想自由極好的演說。

「壓制」他說，「是抵抗之自然的父母；是用壓制的人不合理性之充分的證據，你們應當記得，諸位，琉善（Lucian）有趣的故事：朱庇特（Jupiter）[52]和一位鄉下人同走，一道談天地的問題，很隨便而且很熟識似的。朱庇特極力要說服他的時候，這位鄉下人只是靜聽不響；以後他忽然點破一處疑難的地方，朱庇特急忙轉過身來，拿著雷公鎚便要打。『阿哈！』這位鄉下人說：『現在，朱庇特，我知道你錯了；無論什麼時候，當你一要訴諸你的雷公鎚，你總是錯的。』這就是我現在的案子，我只能和英國人談理性，我打不過權威的雷公鎚。」

潘恩終究被判有罪，認爲法外之民。不久他又犯了新罪，因爲他發表一本反對基督教的書，名爲《理性時代》（*The Age Of Reason*，一七九四年與一七九六年）。這書是他被羅伯斯比爾囚在巴黎獄中時開始著的。這書最了不得之處，首先就因爲這是第一種英文的重要著作，以最明顯的文字，攻擊《聖經》和基督教之救世計畫，不稍假藉、不稍遮含。其次就因爲文章的寫法，能使這書普及到大眾。再其次，潘恩對於《聖經》的批評，雖多與以前自然神論者的主張，如出一脈，然而他是以近代天文學所得的宇宙觀，去用力攻擊基督教創世計畫不合的第一個人。

「雖然基督教的系統中，不曾有直接條文，說我們所居的世界是唯一可居的世界，但是這系統的本身，就是按著這意思構造的；如什麼摩西《創世紀》，夏娃與智果，上帝的兒子之死等故事，均意在使人不做其他的宇宙觀念。假設相信其他的宇宙觀（如信上帝所造的世界，至少也有我們所謂眾星一樣的多），則基督教的系統渺小頗堪發噱；在人心中飛散，不啻空中浮羽。這兩種信仰在一個心裡是不能相容的；有人以爲他能兩個同時並信，則他對於

㊿ 喬治一世（George I, King of England and Elector of Hanover, 1660-1727）係出德國。於英王后 Queen Anne 死後一七一四年入承英王位。

51 厄斯金（Thomas Erskine, Baron, 1750-1823）英國蘇格蘭法學家。尤以演說著名。歷任潘恩、Lord George, Hardy, Horne Tooke 等法律案件。

52 朱庇特（Jupiter）羅馬最高之神，與希臘宙斯（Zeus）爲一。這個名字，從字根上講當作「光父」之義。祂的職司和權能甚多；而密切的是雷電等職。

一個也不曾想。」

潘恩正是一個熱心的自然神論者，以爲苟有上帝的啓示，即爲自然；他用特別的力量，進而表現這個理由。談到《舊約》中一些故事，他說：「當我們設想一個無限的萬有，能指揮統治一個思擬不盡的全體，爲我們有窮的目光僅能見其一部的，則我們如以這類瑣屑不堪的故事，靦顏稱爲上帝說的話，眞當自己慚愧死了。」

這部《理性時代》引起華特生（Richard Watson）[53]牧師一個回答。他是可稱讚的十八世紀教師之一；他承認個人有思想和判斷的權利，以辯論來則當用辯論答，不當用暴力取決。他的答詞名爲《聖經辯訴》（*An Apology for the Bible*），名字似甚重要。英王喬治三世的批評是，他並不覺得《聖經》有任何辯訴之必要。此書答辯理由，亦甚薄弱；其難得之處，反在對於潘恩批評《聖經》之處讓步，——這種讓步承認，是於《聖經》無誤之義，很有危險的。

因爲《理性時代》一書通行大廣，於是有一個禁惡會（Society for the Suppression of Vice）出來控告，追究出版人，這是無疑的。其實當時統治的階級，不信宗教，已屬常事；但是他們還固守一種觀念，以爲宗教爲一般人民所必須，凡是欲傳播不信宗教的觀念於下層階級者，皆當禁止。宗教是一件有價值的工具，爲使窮人保守秩序而設的。在較早的理性主義者之中（除伍爾斯頓一案之外），尚有一位學校主任彼得安勒（Peter Annet）[54]，因爲傳播自由思想坐罪，其罪狀是散布「魔鬼的」意見，罰受枷鎖而兼苦役（時一七六三年）。這件事是很出名的。潘恩的意見，以爲普通人民，都當有享受一切新思想的權利；所以他所寫的文字，以能達於一般人爲標準。因此，他的書是非受禁止不可了。當審判的時候（一七九九年）；審判官對於被告的辯護，百計刁難阻礙。卒之印刷者被判決一年監禁。

這件事還不是潘恩的書遇控告的最後一次。一八一一年他的《理性時代》第三部分出版，承印的出版者依籐（Eaton）遂被判決十八個月的監禁，一個月不斷的枷鎖。審判官愛倫堡（Edward Law Ellenborough）[55]爵主在罪狀上說：「否認我們信仰基礎書中的眞理，是自古以來不能被允許的。」詩人雪萊（Percy Bysshe Shelley）[56]寫給愛倫堡爵主一封不

---

53. 華特生（Richard Watson, 1737-1816）英國宗教家，以與吉朋、潘恩辯論著聞。其《聖經辯訴》（*An Apology for the Bible*）於一七九六年發表，爲答潘恩的《理性時代》而作。

54. 彼得安勒（Peter Annet, 1693-1769）英國自然神論者。*"The History of the Man after God's Own Heart"*（一七六一）大家都認爲是他所著；此書謂於伏爾泰之 *"Saul"* 一劇頗有影響。一七六三年以辦 *"Free Enquirer"* 而被捕受懲。

55. 愛倫堡（Edward Law Ellenborough, Baron, 1750-1818）英國法官。雖富於法學知識，而每曲斷。於一八一七年私囑陪審員羅織成 William Hone 侮神罪。陪審員不允，人謂因此促愛氏之死。

56. 雪萊（Percy Bysshe Shelley, 1792-1822）英國大詩人，爲拜倫（Lord Byron）好友。

稍寬假的信道：「你以爲使依籐的生存受苦，就可使他信奉你的宗教嗎？你也許可以酷刑迫他承認你的宗教條文，但是除非你能使這些條文有可信之道，他不能信；而使這些能力有可信之道，又恐非你的權力所能及。你以爲這樣表現你的熱忱，就可以取悅於所敬仰的上帝嗎？若是如此，則那享受有些民族以人向他作犧牲的魔鬼，還不及你們文明社會中的上帝之野蠻！」一八一九年，有人名叫卡萊爾（Richard Carlisle），以印《理性時代》被判決大宗罰金，並遭三年監禁。不能出資自贖，他遂拘滯獄中三年。當他入獄以後，他的妻與妹仍然照常營業，出賣這種書，於是不久也被罰金，一併下獄；最後則全店的夥計，也共同被罰金下獄了。

印刷者既受罪於英國，著作者也受苦於美國；該處的宗教迷妄，用盡種種方法，使潘恩晚年的生活苦痛。

當十八世紀中葉，啓明時代在德國開始。德國各邦中的思想自由，還不如在英國的。當普王腓特烈大帝的父親在位，哲學家沃爾夫（Christian Wolff）[57]猶被逐於普魯士，因爲他稱讚了中國聖人孔子的道德教訓；這種稱讚，照當時所想，是應當留給基督教的。待腓特烈大帝即位以後，沃爾夫仍然回來；此時的普魯士因國王寬容，竟成鄰國以思想受壓迫的著作家之逋逃之藪。腓特烈大帝雖與當時英國的理性主義者意見相同，——即現在也還有許多人懷這意見——以爲自由思想不宜於群眾，因他們不能了解哲學；但是他卻仍然盡力保護這類的思想家。當時德國頗受英國自然神論者、法國自由思想者和斯賓諾莎的影響；只其理性主義的宣傳，並沒有一點獨出心裁，饒富興味的地方。可以數得上的名字，只有愛德門（Johann Christian Edelmann）[58]與巴赫特（Karl Friedrich Bahrdt）[59]兩個。愛德門攻擊《聖經》啓示之說，其著作爲各城市所燒；他自己逃往柏林，受腓特烈大帝的保護。巴赫特當時比任何著作家都要積極。最初他是一個傳教師，漸漸地與正宗信仰相分裂。他因翻譯《新約》，將宗教方面的事業停止。他晚年做一個館主人。若是我們從神學家恨他的程度推斷，可見他的著作，最通行的如《論聖經的書札》（*Letters on the Bible*），在當時一定很有影響。

在這個世紀德國的啓明運動，並不見於直接的理性主義之宣傳中，而在於文學和哲學最著名的文學家如歌德（Johann Wolfgang Goethe）[60]（他深受斯賓諾莎的影響）席勒

---

[57] 沃爾夫（Christian Wolff, 1679-1754）德國哲學家與數學家。其理性觀念與當時神學不合。普魯士王腓特烈・威廉一世（Frederick William I）於一七二三年迫其辭哈勒大學（University of Halle）數學教授職，限二十四小時離境。

[58] 愛德門（Johann Christian Edelmann, 1689-1767）德國自由思想之著作家。

[59] 巴赫特（Karl Friedrich Bahrdt, 1741-1792）德國宗教家與著作家。致力於當時啓明運動。

[60] 歌德（Johann Wolfgang Goethe, 1749-1832）爲德國不世出之文學家，亦科學家；爲世界少有之天才，富於哲學思想。其詩至今爲各國傳誦。“*Faust*”一劇，寫舊科學、舊文藝、舊宗教以及舊人生觀之破產；而唱破人類新精神之曙光，爲解放人生之傑構。在文學史處極高地位。

（Johann Christoph Friedrich von Schiller）[61]離開一切教會，爲文藝思想運動。其著作的及其文學運動的成績，爲人類經驗最自由的表現和發揮。

有一位震動全世界的德國思想家，就是康德（Immanuel Kant）[62]，他的《純粹理性批判》（*The Critique of Pure Reason*）一書，表明若是我們用知識的光線，去證明上帝存在和靈魂不滅，即立刻陷入矛盾之中，不可挽救。他對於創世計畫及自然神學諸論點之破壞的批評，比休謨的還要完備；他的哲學，雖另有系統，然其實際的結果，與洛克相同，就是以知識僅能限於經驗。以後他爲了倫理的興趣，想把從前門趕出去的上帝，由後門偷運進來；但是這個試驗，並非成功。他的哲學，——其所開闢的爲新玄想系統，此系統中的上帝觀念，含義與自然神論所主張者尙迴然有別，微論正宗所持者——乃是。從權威的犁軛之下，理性再進一步的重要解放。

⑥¹ 席勒（Johann Christoph Friedrich von Schiller, 1759-1805）德國詩家、戲曲家、史學家亦哲學家。與歌德齊名，且相友善，爲創造近代德國文學之雙傑。最著名之悲劇爲《華倫斯坦》三部曲（*Wallenstein*）、《奧爾良的姑娘》（*Mary Stuart*）等。

⑥² 康德（Immanuel Kant, 1724-1804）德國人。爲近代大哲學家與教育家。集已往大成而開未來新局。其影響事業人多知之，無俟多述。著作之重要者爲《純粹理性批判》（*The Critique of Pure Reason*）、《實踐理性批判》（*The Critique of Practical Reason*）、《判斷力批判》（*The Critique of Judgment*）。

第七章　理性主義之進步（十九世紀）

近代科學，由哥白尼研究事業爲之先驅，實成立於十七世紀。在此世紀中，哥白尼地動說徵實、萬有引力發現、血脈循環發現、近代化學和物理學基礎成立。彗星的眞性質已定，不復認爲代表天怒。但是科學在諸新教國中，不經過幾代，尚不足爲神學的大敵。在十九世紀以前科學與神學衝突之處，尚在小節；如地動說雖經科學證實，然把《聖經》重新曲解一道，則抵觸之處，也未始不能模稜過去。只是許多特著的事蹟，漸漸增積起來，雖非當時的科學所能盡解，要能危害《聖經》上歷史記錄的輕信。如《創世紀》中挪亞寶筏（Noah's Ark）及洪水的故事[1]爲眞，則美洲及各海島中何以有既不能飛又不能泅的禽獸？在新大陸上常常發現的新物種，爲舊大陸所未有的，又將何以解說？澳洲的袋鼠，從何而來？解釋《聖經》而遇著這些事實，實覺途窮；其唯一的假說，稍微說得過去的，只是這些東西，爲洪水後上帝的新創造。《聖經》最怕的是自然歷史，所以十八世紀的科學家受權威壓迫最大的，也是研究自然歷史的人。生物學家二人：林奈（Carolus Linnaeus）[2]在瑞典受這苦痛；布豐（G. L. L. Buffon）[3]在法國所感受的也是同樣。布豐的《自然史》（*Natural History*，一七四九年出版）中對於地球構成之假說，竟被迫刪去；勉強他默示相信《聖經》中上帝創世的記載。

十九世紀之初，拉普拉斯（P. S. Laplace）[4]根據星雲的假定，造成宇宙的力學。他曾告訴拿破侖，說是照他的結論，可以無須上帝；這種結論，果然被斥。他的學說以爲在地球及太陽系未成以前，有一個很長的自然經過。但是此說對於《聖經》並非致命傷；

即此說爲是，亦只須稍用心思，就可附會《創世紀》第一章的記載。等後來地質學發生了，於是《聖經》上創世與洪水諸說，可遇到更可恐怖的大敵。照法國生物學家居維葉（Georges Cuvier）⑤的學說，以爲地球經過多少整個的浩劫；於每個劫後必有重新的創造，此說很可以保全神力參加的信仰於一時。萊爾（Charles Lyell）⑥的《地質學原理》出

---

① 《舊約．創世紀》（*Genesis*）第六、七章兩章。上帝恨世人腐敗，將以洪水滅絕眾生。挪亞（Noah）及其家族行善，上帝乃囑其造一大木筏以避水災。筏成，挪亞全家登筏，並命每種禽鳥成雙作對地登筏，以全其種。後大雨四十晝夜，山陵盡沒；在筏中的生物種類，竟得保全。這是現在一切的物種由來。

② 林奈（Carolus Linnaeus, 1707-1778），瑞典人，生物學家，以植物學爲尤著。其大貢獻爲整理生物界中之散漫材料，律以系統之方法，樹近代植物學與動物學之基礎。至今生物現象之分類，猶多本於林奈當年之開創事業。

③ 布豐（G. L. L. Buffon, 1707-1788）法國人，生物學家，不尚列名分類之作，而能於事實中推尋原理。其重要著作《自然史》（*Natural History*），是與友人道本頓（Daubenton）等合作；但最精彩部分皆出自布豐。

④ 拉普拉斯（P. S. Laplace, 1749-1827）法國人，數學家與天文學家，曾任拿破崙之內務總長，欲以微積分之原理治國，被黜。於天文及數學貢獻極大，有「法國牛頓」之稱。

⑤ 居維葉（Georges Cuvier, 1769-1832）法國人，生物學家，爲比較解剖學之重要建設者。

⑥ 萊爾（Charles Lyell, 1797-1875）英國人，地質學家，爲建設近代地質學者。其研究人類及地層進化，實爲達爾文主義前驅。

版（*Principles of Geology*，一八三〇年），雖打破整個浩劫之說，明白說明地球的歷史，可以平常不斷的程序解釋，至今猶見其運行；然尚守每時均有接連創造之說，不曾拋棄。直至一八六三年他在《人類之原始》（*The Geological Evidence of the Antiquity of Man*）書中，始完全把證據發表，說明人類居於地球上的時期，遠過於《聖經》所定，無將就調解之餘地。如必欲將《聖經》記載來適應科學結果，則關於地球、植物與低等動物的存在時期一層，還可設法；只要將猶太幾日創世的「日」字，當作較長的時間。但是關於造人一層，這個方法是絕對無用的。因為造人的日期，是神聖的紀年表上所確定的。十七世紀英國一位宗教家，妙想天開，算出三位一體的上帝，於西元前四〇〇四年十月二十三日上午九點鐘造人；翻倒《聖經》，再不能把這件事定得更早。幫助地質學的結論去推倒這類猶太創世的神話，雖然還有他項證據；但只是地質學已足以死死地打倒此項神話的歷史眞實，使其永難翻身。再要救出他來，除非說上帝有意造假證據，意在騙人罷了。

地質學雖把《聖經》無誤的觀念搖動，但是還留下有史以前亞當、夏娃為人類初祖之說，仍是一種可能的假定。在這個當兒，動物學走進來了，宣布人類的起源。高等機體的生物，包括人類，是由低等機體的生物發展過來的：是一種古有的推測，只是當時證據不足。以前有些激進的思想家，達到一個論斷，以為現在的宇宙，是經過不斷的程序所成，其進行中並不受超越自然的力量干涉，有斷續的情形，其範圍裡有齊一的自然律，可以解釋。當萊爾等為無機界中，粗成大法的時候，假設自然科學一天不能對於動植物的起源有圓滿解答，則一天宗教將以生物界爲神力活動之場。可見一八五九年達爾文[7]的《物種起源》（*On the Origin of Species*）一書，不僅是科學的大貢獻，而且於宗教及科學戰爭間，最可注意的一件事。當此書一出，威爾伯福斯（Robert Isaac Wilberforce）[8]牧師說：「天擇的原理與上帝的話絕不相容」，是不錯的。德法的神學家與英國的一樣，大聲疾呼，反對上帝退位。一八七一年達爾文又將《人類的由來》（*The Descent of Man*）出版，推溯人類的統系，出自低等動物；證據列陳，匠材獨見，於是反對的聲浪又起。《聖經》說上帝按著祂的影像造人；達爾文說人是從猴子出來的。當時正宗教徒侷促不安的感覺，可以從格萊斯頓的話裡表現出來：「根據所謂進化論所說，上帝可省去創世之勞；在不變的自然律名義之下，上帝也被開除了統治世界的職務。」這件開除的事，據史賓塞（Herbert Spencer）觀

---

⑦ 達爾文（Charles Robert Darwin, 1809-1882）英國人，大生物學家，進化論之建設者。達爾文之名與事，人多知之，不重述。其重要著作，爲治達爾文主義不可不讀者，爲《物種起源》（*On the Origin of Species*）、《人類的由來》（*The Descent of Man*）、《動物和植物在家養下的變異》（*The Variations of Animals and Plants under Domestication*）等。

⑧ 威爾伯福斯（Robert Isaac Wilberforce, 1802-1857）英國人，牧師、神學者。與「高派教會」接近。後離英國國教而入羅馬舊教，卒於義大利。

察，早始於牛頓（Isaac Newton）發現萬有引力的時候。達爾文縱不曾給物種由來，以充分完備的解釋，如今日所公認，但是他當時的研究，打破超越自然界的學說，而證明無機界與生物界的發展，同是不斷的，實開前人到而未發之蘊。這又是一個釘子，敲入創世說與亞當下凡說的棺中。基督教贖罪之說，假設不與其所根據的猶太神話分離，是無法可以自救的。

現在所謂「達爾文主義」，關於打破那認爲自然界中有外來的無窮大智慧，取種種手段以適應目的之說，尤奏功效。以神工計畫之說，證明上帝的存在，其不適當，休謨與康德的邏輯，已經表明；但是觀察自然界生命的程序，更可以表明這種以人事推論自然的方法，全不適用。德國著作家朗格（Friedrich Albert Lange）⑨說明這種推論的不當，最爲明確。若有人要去打一隻野兔，他不必用幾千枝槍，環繞著野兔所在的地方齊發；若有人要住一所房子，他不必先造一個城市，然後再從裡面選一所房子，任其餘的去遭風雨剝蝕。若是有人出此行動，我們就會說他瘋狂，一點頭腦也沒有；絕沒有人認爲這種行動，善以手段適應目的爲思想靈銳的表現。但是「自然」所做的事，正如此類。他對於延續生命的舉動，眞是魯莽滅絕的浪費。爲了產生一個生命，他犧牲無數的細胞。如果此即所謂「目的」，也不過是千萬個中偶然遇到的一個；這種辦法，只是破滅和失敗。若是智慧和這笨方法有任何關係，他也一定是低下到不可言狀的。如果這些出品，還眞有預定的計畫，那定計畫者可謂不勝任極了。以人的眼睛爲例。一位著名的科學家——亥姆霍茲（Hermann Ludwig Ferdinand von Helmholtz）⑩——就說：「若是一個眼鏡匠送來這樣一副器具，我一定退還他；還責備他怎麼做出此項不小心的工作，要他退還原款。」達爾文對於自然，正是如此；他點破自然界的現象，並非有意造成的，只是在各種特殊的境遇之下，適合而成的。

自然的現象，是各種依不變規律並存互隨的事物之系統。這句致命的話，在十九世紀之初，開始認爲科學的原則。穆勒爲之鑄成規律，（見《邏輯系統》（*A System of Logic*）中，一八四三年出版），作一切科學歸納法的基礎。其意即謂在任何時間，全宇宙的事體，皆是其前一時間全宇宙的事體之結果；二件緊接的事體間之因果關係，斷不容有任何橫來的干涉，抑壓或變更其因果。有些古代的希臘哲學家，即深信這個原理；近代科學在各方面，均加以證實。但是這種的因果律，不必用此項絕對的形式表現出來。最近的科學家表現定律，已趨於多含蓄而少武斷。他們只認其爲一種假定；若是沒有他，則對於宇宙之科學的理解，爲不可能。他們更趨向於不稱他爲因果律，——因爲一涉因果觀念，即涉及玄學範圍，——而認爲是一種「經驗的共性」（uniformity of experience）。然而他們用這觀念

---

⑨ 朗格（Friedrich Albert Lange, 1828-1875）德國經濟學家及思想史家。爲蘇黎世（Zurich）大學哲學教授。"*Geschichte des Materialismus*"一書，爲研究唯物史要著。

⑩ 亥姆霍茲（Hermann Ludwig Ferdinand von Helmholtz, 1821-1894）德國人，十九世紀大科學家。於生理、解剖及物理諸學。皆多重要貢獻。其物能不滅說，對於哲學頗有影響。

解釋宇宙現象，更爲可通；他們所認爲經驗的共性中之例外，反比前人所承認的因果律之例外，爲不多見。

發展（development）的觀念，至今不但應用於自然界，而且應用於人類的心理，和包括思想及宗教在內的文明史。第一個有條不紊應用這個觀念到全宇宙系統上去的，不是一位學自然科學的人，乃是一位玄學家，黑格爾（Georg Wilhelm Friedrich Hegel）[11]他極難懂的哲學，在思想上有絕大的影響，所以此處不能不稍談其趨勢。他認爲「存在」（existence）的全體，即他所稱的「絕對的觀念」（absolute idea），不屬於空間、時間之內，只是由於他自己本身的法律所迫，而表現其自身於世界的進程之中，最先露其形質，再進而有自覺，成爲各個人心中的靈。因此，他的哲學系統，稱爲「絕對的唯心論」（absolute idealism）。其所以能風靡一世，大概由這種思想，恰好能與十九世紀的思想潮流融合；因爲當時的趨向，都認爲世界的進程，任在物質或精神方面，都是由低而高的一種必須發展。但是關於這點，黑格爾的眼光未免還有限制。他把這種進程，彷彿當作是實際上已經完成了的，不計其將來再有發展的可能；和他同時的思想家，卻已注意到此。此處關切我們的，只是黑格爾的哲學系統，雖是「理想的」，求宇宙的解釋於思想而不於物質之中，然其推翻正教信仰，正如其他的唯物系統，一樣有力。不過，有些人用黑格爾系統以扶助基督教。在黑格爾系統之中，亦有可以供假藉之處。如黑格爾以爲基督教信條在宗教中爲最高者，因其中所含之教義，能於不完備中，表現一部分最高哲學的思想，這就是他自己的哲學；而且黑格爾談及「絕對的觀念」的時候，曾把他當作一個人看待，雖然這種方式，帶著限制，與黑格爾絕對的意思不甚相容。但是無論他認爲基督教的價值如何，我們可以看出他是站在較高一等的純智哲學的地位上，下瞰基督教的；他並不認爲基督教是特別啓示的宗教，只認爲他是一種對於眞理的逼近：這種眞理，只有哲學才能達到。並且我們可以很有幾分把握地說，無論那個受黑格爾影響的人，都覺得自己有一種宇宙觀，不以任何啓示的宗教爲必須而有所望。黑格爾在德國、俄國及任何處的影響，皆完全爲絕非正宗的思想，開闢路徑。

黑格爾只是處於高一層的地位立論，卻並不積極進攻。他同時的法國人孔德（Auguste Comte）[12]也想出一個很可概括一切的系統；他就積極地與明顯地否認神學，以爲是一種早不適用的解釋宇宙之法門。他並且否認玄學及一切黑格爾所主張的，認爲同等無用；其理由爲玄學家並不能解釋一點東西，只是以幾個抽象的名詞，描寫現象，不知宇宙的起源及其因

---

⑪ 黑格爾（Georg Wilhelm Friedrich Hegel, 1770-1831）德國大哲學家。自立邏輯及哲學宗派，而建設思想界的大系統。其《邏輯學》（*Wissenschaft der Logik*）與《哲學全書》（*Encyklopädie der philosophischen Wissenschaften in Grundrisse*）均爲重要而不易讀之作。

⑫ 孔德（Auguste Comte, 1798-1857）法國哲學家及社會學家。倡實證主義（Positivism），頗影響近代思想。

何存在諸問題，完全爲理性所不能達的。神學與玄學當同爲科學所代——科學即是對於因果及並存諸事之研究。指導社會將來進步的，只是在實證的經驗張本以內之科學的世界觀。孔德深信宗教是一種社會的必需；所以他創一種「人道的宗教」（Religion of Humanity）以替代他宣告死刑的神道宗教。這個新宗教異於世間已有諸大教，不去假設任何超於自然或不屬理性的信仰條文；因此信他的也很少。但是孔德的「實證哲學」（Positive Philosophy）發生很大的影響，於英國尤甚，因爲這些主張，在該處特別的經過哈里森（Frederic Harrison）⑬先生傳播；哈里森在十九世紀後半，是爲理性與權威作戰最黽勉功高，著作最富的一個人。

另有一個很博大的系統，成於英國史賓塞⑭像孔德的系統，他的也是根據於科學，並致力於表明怎麼從一個星雲系的宇宙開始，會逐漸演出全個心靈的、社會的和物質的、可知覺的世界。他的《綜合哲學》（*Synthetic Philosophy*）一書，在英國廣播進化的觀念，較其任何成績爲多。

我必須說到近代宇宙觀的另一解釋，這是海克爾（Ernst Haeckel）⑮的。海克爾爲動物學家，德國耶拿（Jena）大學教授；可以算是進化論的先覺。他的《人之創造》（*Creation of Man*，一八六八年出版）一書，所討論的範圍，與達爾文《人類的由來》相同；有極大的銷售量；據我所知，已譯成十四國文字。他的《宇宙之謎》（*World-riddles*，一八九九年出版）受同樣的歡迎。他所教人的，正如史賓塞，以爲進化論之原理，不特可以應用於自然史，而且可以應用於人類的文明及思想。他如史賓塞和孔德不同的地方，爲他不假定自然的現象之後，還有任何不可知的實體。反對者蔑視他的學說是唯物主義，是一件錯誤。他，正像斯賓諾莎，承認心與物、體與思，都是同一最後實體分不開的兩面，他名之爲上帝；實際上他把他的哲學與斯賓諾莎的相符契。他以邏輯的步趨，推論到物質的「原子」（atom）即是思。他的物質宇宙觀，根據於古時的物質機械觀，近來頗不爲人所重。但是他的「一元論」[16]（Monism）——他以此名稱自己的主張——最近頗有修正；其所修正後的，在德國思想界所生的影響，似乎更大。關於這種一元論的運動，我以後還要論到。

---

⑬ 哈里森（Frederic Harrison, 1831-1923）英國理性主義者，以哲學文學名，其功在於普及近代思想。當伯里教授著此書之時，哈氏尚未死，故文早稱「先生」。

⑭ 史賓塞（Herbert Spencer, 1820-1903）英國哲學家與社會學家。著作極多，然規模博大而不精深，不能經嚴格地審查。嚴復所譯之《群學肄言》，即其所著之《社會學研究》（*The Study of Sociology*）爲其社會學方法論。

⑮ 海克爾（Ernst Haeckel, 1834-1920）德國哲學家及生物學家。倡一元論哲學。其所著之《宇宙之謎》等，中文已有翻譯。

⑯ 字源出於希臘的 monos。——原注

以前孔德根本的主張，以爲人類的行爲和歷史，有如自然，絕對的受因果律支配。一八五五年英國有兩種心理學的著作出版，一是貝茵（Alexander Bain）[17]的《感覺與智慧》（*The Senses and the Intellect*），一是史賓塞的《心理學原理》（*The Principles of Psychology*），都主張我們意願的動作，安全是預定的，只是一種不可免的因果連環中之結果。兩年以後，巴克爾（Henry Thomas Buckle）[18]的《英國文明史》（*History of Civilization in England*）第一卷出版，即以此項原理，應用於歷史；雖此項著作本身的永久價值比較少，然其所留的影響則甚大。他認爲人類的動作由於動機；而動機又是前事的結果；所以「若是我們能夠知道全部的前事，及一切動機的法則，那我們就可以一點也沒錯地斷定繼續相隨的全部結果。」所以歷史是一個不斷的因果連環，其中不容有機會（Chance）存在；機會不過是我們知識缺陷的一個命名。神祕的與聖靈的干涉，自然也當屏棄。巴克爾也承認上帝的存在，但是把祂趕出歷史的外面。主張人類的行爲不屬於普遍因果律的學說，遇著巴克爾，受了重大的打擊。

人類學於近來喚起了很大的興趣。關於初民情形的研究，（與屬於達爾文主義爲分途獨立的研究，並非附屬），表示出人自天國有罪下降受罰的觀念，絕無根據；一切證據，反以證明人是從純粹動物漸漸地進化上來。研究宗教信仰之起源，其結果更足以使正教不安。研究人類學及比較宗教學的人——如泰勒（Edward Burnett Tylor）、[19]威廉・羅伯遜・史密斯（William Robertson Smith）[20]與弗雷澤（Sir James George Frazer）[21]——同指明一切神祕的觀念、信條、儀式，以前認爲是基督教的聖靈啓示所獨有的，經他們研究，不過和其他初民的宗教之鄙陋粗俗思想相類。即聖餐中麵包爲基督肉，酒爲基督血的靈異，㉒也只是

---

⑰ 貝茵（Alexander Bain, 1818-1903）英國哲學家，宗約翰・史都華・穆勒。於教育心理學頗多貢獻。於《感覺與智慧》外，尚有《心靈與身體》（*Mind and Body*）一書，亦頗重要。

⑱ 巴克爾（Henry Thomas Buckle,1821-1862）英國史家，所出《英國文明史》，世人多誤爲全體，然實僅導言。現世以地理解釋文化之學者，如亨廷頓（Huntington）輩均宗之。

⑲ 泰勒（Edward Burnett Tylor, 1832-1917）英國人類學家，牛津大學教授。所著 "*Researches into the Early History of Mankind*"、《原始文化》（*Primitive Culture*）及《人類學》（*Anthropology*）均極重要。

⑳ 威廉・羅伯遜・史密斯（William Robertson Smith, 1846-1894）英國比較宗教學家，以研究希伯來、亞拉伯等處文化著稱。於《舊約》批評，尤有貢獻。於一八七八年在《大英百科全書》中發表 "*Bible*" 一文被控。其 "*The Old Testament in the Jewish Church*," "*Religion of the Semites*" 頗多新貢獻。

㉑ 弗雷澤（Sir James George Frazer, 1854-1941）當代英國人類學家。其大著作爲《金枝》（*The Golden Bough*）及《圖騰信仰與異族通婚》（*Totemism and Exogamy*）等。

㉒ 耶穌於被賣就逮之前，與門徒聚而晚餐。持麵包祝福，以爲即彼之肉；舉酒祝福，以爲即彼之血，爲一切罪惡而流者；令門徒飲食之。此即 Eucharist 的故事。見《新約・馬太福音》第二十六章，《馬可福音》第十四章，《路加福音》第二十二章等處。

與異端吞噬死神的儀式相同；神降爲人，死而復活及救主育於處女之孕之靈蹟，皆基督教主要中心之說，不過與其他異端初民宗教所共有。這種的結論，把基督教無上的莊嚴，一齊墮地。於是有人爲之解說，以爲此項結論，並不給通行神學所持之說以致命的打擊。這些神異思想，爲基督教啓示的一部分，有種新的使命；因爲上帝聰明得很，把自己託附於流俗的信仰——這些信仰雖是假的，而且流入於殘暴的實行，要亦確爲上帝所許——只爲了要造成一種贖罪的計畫，即委屈遷就人類的偏見亦所不惜。這種解說，也許有一些人以爲滿足，也未可知；但是一般對於宗教信仰的起源有近代研究的人，只覺在他們眼睛裡，凡歷來劃分基督教異於他項信仰的界線，正是消滅了。

近代科學，包括人類學，進步的結果，是造成一種能自圓其說而無破綻的世界觀。在這個世界觀中，凡以前基督教的系統，根據於非科學時代的種種觀念，並根據於世界乃爲人而造的妄自尊大的心所構成的，乃無適宜的或合理的地位。若是潘恩於一百年前即曾覺得這層，則近來所見的比他更要明顯。但是所有人的思想，卻不能同樣察覺出基督教的破綻。有些人一面承認科學的證明，以爲《聖經》對於古代人類的記載是假的；但是察覺不出科學的和神學的世界觀之不能相容的地方。

對於這些人，科學的勝利，不只是向前奪了幾座戰壕；幾座戰壕的得失，或者於大本營的安危，無甚關係。科學的厲害，是根本上把《聖經》無誤的觀念推翻，創世降人的神話打倒，使其無立足的餘地。但是假設基督教只與自然科學相衝突而無他證據和他相反，或者還可以略改《聖經》權威的學說，修正贖罪救世的議論，以維持其主張超越自然地位的理由。也許也可以這樣立論：普遍的因果，不過是從經驗中推論出來的假定；歷史的證據，當然也包括在經驗範圍以內；所以凡《新約》中靈蹟的證據——即使《新約》非由聖靈啓示，但證據總是眞的——至少也當與其經驗一律看待。只要證據有強固不搖的歷史基礎，則此次反對科學定例的武器，也未始不可一用。但是他們所謂強固的基礎，一經十九世紀歷史的批評，便如摧枯拉朽。這種批評，比十八世紀根據常識的批評，更要厲害、更要致命。

按部就班的審查《聖經》中的記載，只把他當作純粹人類的文件一般看待，是十九世紀的工作。以前也有過這種事業。如斯賓諾莎及法人西蒙（Jules François Simon，其書曾被焚）[23]皆是先驅者；近代《舊約》的批評則創於阿斯特魯克（Jean Astruc，巴黎大學醫學教授）[24]，他發現了一個重要線索，分辨《創世紀》編輯者所用種種不同的材料（一七五三年）。他同時的德國人賴馬魯斯（Hermann Samuel Reimarus）[25]，是專門研究《新約》的

㉓ 西蒙（Jules François Simon, 1814-1896）法國哲學家亦爲政治家，曾著"*La religion naturelle*," "*La liberté de Conscience*"等書，主張思想自由甚力。

㉔ 阿斯特魯克（Jean Astruc, 1684-1766）法國醫學家，於宗教頗多貢獻，爲最早以批評眼光審查《創世紀》者。他認爲《創世紀》是兩種不同的材料相合而成。其說至今猶引爲根據。

㉕ 賴馬魯斯（Hermann Samuel Reimarus, 1694-1768）德國語言學家，以希臘、拉丁、希伯來文學著，頗攻擊基督教正宗之說。

人，在當年即得近代研究所得的結論，謂耶穌並沒有創造新宗教的心思；並且認明《約翰福音》所表現的耶穌，與其他傳教徒所表現的耶穌迥異。

在十九世紀中，批評的方法，德國的學者用以審查荷馬及古代羅馬的史籍，乃推及於審查《聖經》。這番事業，主要的部分都是在德國做的。相傳《舊約．前五書》（*Pentateuch*）爲摩西所著之說，遂完全打破。到現在凡是眞正研究《前五書》的人，都一致公認其中事蹟材料，都是從不同時代的典籍上湊合攏來的，最早的在西元前九世紀，最後的在西元前五世紀；還有最多小地方是以後增加上去的。對於考訂明白這個問題，英國拿陀（Natal）地方的牧師科倫索（John William Colenso）[26]有重要的卻非預期的貢獻。以前公認《聖經》上中文件之最古的，爲《創世紀》第一章的記載；但是這記載，有一個很難解釋之點，就是他與《利未記》（*Leviticus*）[27]很像有密切關係，而此項立法屬於西元前五世紀是歷歷可考的。一八六二年科倫索乃出《前五書和約瑟書批評的審查》（*The Pentateuch and Book of Joshua Critically Examined*）一書，暴露此事。他對《舊約》史事的眞實之懷疑，是被一個由他收來的祖魯（Zulu）族中教徒提醒的。這人問他一個很有意思的問題，就是他是否眞信洪水的故事，以爲「眞是地球上的飛禽走獸爬蟲，無論大小，不分從寒界熱界，一齊成雙作對地跑上挪亞的寶筏上來？挪亞何處去找食物來餵所有的牠們，不但餵非肉食類的，而且還餵肉食類的？」這位牧師於是將這些聖靈啓示書中之無數的記載，細細地考察其眞實與否。其結果乃與這些所謂歷史的記載，以致命的打擊。除開靈蹟，（靈蹟的可能與否，他不發問題），即就歷史的事蹟而言，他只點出來以色列人處於埃及和荒野的故事，荒謬絕倫，全部充滿了不可能與不可通之處。這部書於是在英國惹起了公憤；著者被呼爲「壞蛋的牧師」。但是他的書在大陸上所受的待遇，和在英迥然不同。《前五書》及《約瑟書》中，經他證明無歷史根據的各部分，正是《舊約》記載中自來使研究者躊躇的地方。一般批評家得了這種啓悟，於是根據他研究的結果，詳加考證，斷定《創世紀》正如有連帶關係的《利未記》一樣，同是西元前五世紀的出品。

《舊約》研究最明顯的一個結果，就是找出猶太人傳述他們的故事，是很隨便的。每件相傳的記載，以後彙編在一起的，當年只由一般人摭拾傳聞，以極自由的態度，隨意寫就。既然毫不想到他有神聖的起源，所以也不拜倒在他的權威底下。對於這一堆不但趨勢彼此不相同，（因爲各件代表各時代的精神），而且有些地方材料本身亦不相容的猶太文件，不分皀白，賦以萬無差錯的權威，——這是以後的基督教徒所幹的事。當批評的事業發動時，大家對於大部分其他的《舊約》各書，也加以考察，但關於其起源和性質所求得的結論，也一樣和教會中正統傳習的相反。近五十年來，從發現的古代巴比倫（Babylon）文字

㉖ 科倫索（John William Colenso, 1814-1883）英國牧師，於《聖經》批評有貢獻。

㉗ 《利未記》（*Leviticus*）爲《舊約》前五書中之第三書。

裡，對於《舊約》中許多問題，得到新的知識。其中最早的（一八七二年）而最轟動一時的發現之一，就是證明洪水的故事，是猶太人從巴比倫的神話中得來。

近代的《新約》批評，始於鮑爾（Ferdinand Christian Baur）[28]，總之以施特勞斯（David Friedrich Strauss）[29]最富刺激性的著作《耶穌傳》（*The Life of Jesus*，一八三五年出版），其中完全否認一切超於自然的東西。這種著作收了大的效果，也起了大的爭端。這兩位理性主義者都受黑格爾的影響。同時還有一位古典學者拉赫曼（Karl Konrad Friedrich Wilhelm Lachmann）[30]印行一部第一次用科學方法訂正的希臘文《新約》，於是立下了批評希臘本《新約》的基礎。自此以後，七十年的工作，得到一些大家公認的結果。

第一件結果就是現在凡有意識的人，讀過近代的《聖經》批評，沒有能相信舊日觀念，以爲耶穌的四種傳記，（按即四《福音》）。是各自獨立的著作，對於其中所敘述各事，可以作獨立的證見。現在都承認，其中不只見於一書，而且所用的文字復同之各部分，正是同出一源，只能說是一種證見。第二件就是第一種《福音》並不是最老的《福音》，而門徒馬太（Matthew）也並非其著者。大家反公認的《馬可福音》（*Mark's Gospel*）爲最老。第四種《福音》從前以爲與第一種一樣，是親見耶穌的證人做的，這層雖還在爭論之中，然篤守舊說的人已經退步到承認這書表現耶穌，另有端倪，與其他三位傳記家所持的大不相同。

這研究的結果就是使人不能再說關於耶穌的生命，有親見的證據。即以最老的記載——

《馬可福音》——而論，也只是成於耶穌釘在十字架上三十年以後。若是這樣證據而可以成立《聖經》中超於自然的靈蹟，則其他附會不經，超於自然的事實也頗不缺少，爲什麼不當同樣地相信。就實際而論，神話的生長，只須極少時間；在東方常聞前日之事，今朝即成靈蹟；則三十年間，豈得謂少。各種宗教的產生，都出自神話之中；若是基督教產生的故事而爲純粹的歷史，那誠如賴那克（Salomon Reinach）[31]對於此事的評語，認爲眞是神乎其神了。

更有一件使基督教不安的事，就是那不帶成見考察前三種《福音》的結果，以爲如果你把記載下來的耶穌的話，當作眞的遺蹟，則耶穌並沒有要創造一種新宗教的意思。因爲按其所說，耶穌完全相信世界末日，即在目前。現在進一步批評的主要問題，就是耶穌全部的教訓，是否由於這種不可靠的深信而定。

有人也會說，知識的進步，仍然不足以闡明一個最重要而我們不能不承受權威的信仰，

㉘ 鮑爾（Ferdinand Christian Baur, 1792-1860）德國神學家，治基督教史及《新約》批評。

㉙ 施特勞斯（David Friedrich Strauss, 1808-1874）德國神學家，爲鮑爾弟子。崇奉黑格爾哲學。

㉚ 拉赫曼（Karl Konrad Friedrich Wilhelm Lachmann, 1793-1851）德國語言學家。

㉛ 賴那克（Salomon Reinach, 1858-1932）法國當代語言學家。

就是靈魂不滅之說。但近代生理學與心理學卻已注重到沒有神經系，即難想到有能思維的心的一層。更有進於極端之說，以為把心靈的現象作科學的考察後，我們有知道人死後「靈魂」是否有存在的可能。若是假定能有這種的靈魂世界，那也許是對於基督教自古以來未有的打擊。因為基督教及其他宗教最動人的話，就是以來世許人，而來世的生活，又非仰仗他的宗教不可得知。假定死後的存在可以證明而成為科學的事實，如「萬有引力」的定律一般，則啓示的宗教，也許完全失了用處。因為啓示的宗教之全部觀念，是不根據於科學的事實。據我所知，那些做心靈實驗，信以為能與死者談天的人，雖其與死者談天的證據，若何渺茫難稽，但是實驗者總是要以經驗證明而無任何宗教的興趣。他們所留的是知識，而所能捨棄的是信仰。

一百年來，正宗信仰的破綻，被科學和歷史的批評所抓住的，並不肯安心屈服；其所用以反抗的武器，且不只文字上的爭端。施特勞斯因此被剝奪杜賓根（Tubingen）大學教授的職務，而前途事業也為之斷送。勒南（Ernest Renan）[32]在他轟動一時的《耶穌傳》（*The Life of Jesus*）中，否認一切超於自然的事蹟，也因此喪失了法蘭西學院（Collège de France）中的講座。畢希納（Friedrich Karl Christian Ludwig Büchner）[33]因為他的《力與質》（*Force and Matter*）一書對大眾宣告超於自然的宇宙解釋為無用，也被逐於杜賓根大學。耶拿大學亦曾準備逐海克爾。近幾年來，有一位法國羅馬舊教教師盧瓦齊（Alfred Firmin Loisy）[34]對於研究《新約》有著名的貢獻；而其所得的報酬，乃是於一九〇七年被逐於敦會。

盧瓦齊是羅馬舊教中一種方興未艾的近代運動裡面最著名的人：這種運動即名「近代主義」（Modernism），有人以爲這是自十三世紀以來教會史中最大的厄運。這班「近代主義者」（Modernists）並沒有另外的組織，也沒有什麼具體的黨綱。他們仍然是守著舊有教會，及其習尚與組織；但是他們看基督教只是一種歷來隨著時代發展的宗教，他以後的生命，也靠著繼續的發展。他們傾向於按著近代科學與批評的光明，重行解說基督教義。這種發展的觀念，大主教約翰・紐曼（John Henry Newman）[35]已曾應用於舊教的神學裡。他立

㉜ 勒南（Ernest Renan, 1828-1892）法國史學家與哲學家。其"*Vie de Jésus*"於一八六三年出版，震動一時。其書以精刻的批評及生動的文字並著。

㉝ 畢希納（Friedrich Karl Christian Ludwig Büchner, 1824-1899）德國醫學家及唯物主義哲學家。於一八五五年以發表《力與質》（*Force and Matter*）一書，迫而辭杜賓根大學教授職。

㉞ 盧瓦齊（Alfred Firmin Loisy, 1857-1940）當代法國著名之《聖經》批評家。一九〇三年以"*L'Evangile et l'eglise*"及"*Études Évangéliques*"被控於教皇。於一九〇七年被迫辭教職還家。

㉟ 約翰・紐曼（John Henry Newman, 1801-1890）英國人，爲羅馬舊教大主教。長文學。初受教育於牛津大學，後爲「牛津運動」（Oxford Movement）之領袖。主張恢復基督教原來之初民理想，而極力反對自由觀念。

論以爲基督教從初民的信條中發展過來，是自然的而正當的。但是他不下近代主義者所下的結論，以爲舊教教義如不吸收近代思想的結果，則喪失發展之力而至於死亡。吸收近代思想的結果以救舊教的死亡，是近代主義者所要做的事。

教皇庇護十世（Pius X）[36]用盡力量，壓迫近代運動者。一九〇七年他下了一道教令，將盧瓦齊著作中承認近代《聖經》的批評所指出而盧瓦齊更加辯護之點，概行否認。其基本上所否認的是：（一）「教會是有機體的組織，不是一成不變的，正如他種人類的社會一樣，是永遠在進化之中的」；（二）「教會所持啓示的信條，不是從天上掉下來的，乃是人類的思想辛苦造成的關於宗教事實的解釋。」這兩點從約翰·紐曼的著作裡，也許可以引申出來的，然而竟被認爲大不道而受禁止。教皇又於三個月以後，發了一通布告天下的長通論，詳細攻擊近代主義者之意見，而設備種種方法除此大惡。沒有一位近代主義者承認這道通論所說，能公正表現他們的眞意。只有幾點，倒還近於事實，就是：拿他們的書翻開來看，「每頁著者都署名爲舊教徒；關書一想，你覺得所讀的乃是理性主義者的著作。在教壇上他們高唱基督的神聖；寫起歷史來，他們對於基督的神聖完全不提。」

簡單的人，看見這些仍然存留舊信條的形態，而完全失卻舊信條的意義之舉動，也許迷離不解；或以爲羅馬舊教教皇採取明白確定的手段，以反對危害基本教義的新學，是自然的。現在這些舊教中近代主義者所做的事，正與多少年來新教教會中之開通的宗教家所做的相同。如「基督神聖」的成句雖然還在用，但是他們所謂神聖，乃另有解釋，使其不含處女受孕，生於上帝的意思。復活之說雖然還在講，但是也另有講法，不含肉身眞能有復活靈異的意思。《聖經》雖然仍稱爲啓示的書，但是啓示的意思，已經含糊，不過謂是別有領會之作，如我們也說柏拉圖的著作受了啓示一樣；這種啓示新說雖是含糊，然其妙處亦正在含糊。在廢除靈異，與確守正宗的兩個極端主張之間，還包含多少階級。至今如執信英國國教者，問以教會在信仰上對於教徒或牧師的最低限度要求是什麼，是很難解答的問題。恐怕每個領袖的教師，有每種不同的回答。

英國國教中理性主義的興起，是很有趣的事實；可以說明國家與教會間種種的關係。

當時英國國教中有一種虔敬的運動，號稱「福音主義」（evangelicalism）。威爾伯福斯的《基督教之實際觀》（*A Practical View of Christianity*，一七九七年出版）一書，對於此種主義的傳播，很有功績。這運動採美以美會的精神，以入英國國教；不久就將十八世紀宗教家，如吉朋所謂「或帶微笑，或發長嘆以承受教義」的態度，一律免除。彌撒日（Sabbath）[37]的嚴格禁忌，重行復活；戲院爲其所嚴斥；人性腐敗，爲其口頭禪；《聖

㊱ 庇護十世（Pius X）爲一九〇三至一九一四年間教皇。

㊲ 彌撒日即星期日，爲上帝造天地萬物後休息之日，事見《創世紀》第二章第二節。Sabbath 之名，始見於《舊約・出埃及記》第十六章第二十三節。（To-morrow is the rest of the holy sabbath unto the Lord）猶太人守之，以後清教徒厲行遵守。至今英美猶有團體主張頒行藍色法（Blue Law）者，於星期日禁止一切娛樂事業。

經》受偶像式的崇拜，爲從來所未有。這種宗教的「反動」之成功，雖然不是由於，卻是得助於一種相信，以爲法蘭西大革命的主要原因，是不信宗教；大家引這革命爲事實的教訓，以表明宗教使人遵守秩序的價值。當時在法國也有一種宗教的「反動」。但在雙方的情形之下，均非表現自由思想的流行，因此減少，只是表現當十八世紀式的理性主義衰落的時候，一般群眾的宗教信仰，得到強而有力的領袖，較前更取攻勢。當時乃產生一種新理性主義，欲以很開明的態度，去解釋正統的思想，使其能與哲學調和。這新派以柯勒律治（Samuel Taylor Coleridge）[38]爲代表，他受影響於德國的哲學家。柯勒律治是贊助教會的人；他對於一個開明的研究神學學校，捐助基金；這個學校的影響，到十九世紀中葉方才覺得。大主教約翰．紐曼是高派教會黨最著名的領袖，說柯勒律治浸淫於玄想的自由之中，沒有一個基督教徒可以容忍他的。約翰．紐曼的「高派教會運動」（High Church Movement）在十九世紀第二個四分之一期間，如「福音主義」一樣，與宗教思想的自由絕不相容。

十九世紀中葉以後，變動來了；當時黑格爾及孔德的哲學，和外國的《聖經》批評之影響，在英國國教的內部，開始覺得出來。有兩本很難得的自由思想的書，在這期間傳誦一時：一本是法蘭西斯．紐曼（Francis William Newman）[39]《信仰之各方面》（*Phases of Faith*），一本是格雷格（William Rathbone Greg）[40]的《基督教世界的信條》（*The Creed of Christendom*），兩書同於一八五〇年出版。這位法蘭西斯．紐曼（大主教約翰．

紐曼的兄弟）與基督教完全分裂；在他的書中，敘明他怎樣放棄已有信仰之心理上的經過。他所說最有趣味的一點，恐怕就是說《新約》不足以授人以道德的統系。格雷格是一位一神教者（Unitarian）[41]他否認教會信條及聖靈啓示，但是他仍然認爲自己是基督教徒。他所持的地位，詹姆斯・菲茲傑斯・史蒂芬爵士（Sir James Fitzjames Stephen）[42]形容得最妙；說他是一個耶穌的門徒，「曾經聽過耶穌山頭的演說，卻不曾注意一切的靈蹟，而且是死在復活以前。」

當時有幾位英國的教師（大都是牛津大學出身的人）傾心於德國的《聖經》批評，而

㊳ 柯勒律治（Samuel Taylor Coleridge, 1772-1834）英國詩人與哲學家。其哲學思想，受德國謝林（Schelling）等影響甚大。關於宗教問題著作，有“*Confessions of an Inquiring Spirit*”及“*Church and State*”等。

㊴ 法蘭西斯・紐曼（Francis William Newman, 1805-1897）英國著述家，爲大僧正紐曼之弟，而其主張與乃兄絕對相反。《信仰之各面》是著者自敘其信仰之變遷，出版時震動一時。

㊵ 格雷格（William Rathbone Greg, 1809-1881）英國文學家，於政治宗教問題，頗多論列。

㊶ 基督教中一派，只信上帝，而否認三位一體諸說。

㊷ 詹姆斯・菲茲傑斯・史蒂芬爵士（Sir James Fitzjames Stephen, 1829-1894）英國法學家，是萊斯利・史蒂芬（Sir Leslie Stephen）的兄弟。

意在把眼界放寬，不必拘於成說。這種辦法是福音派和高派教會，認異端背教的。我們稱這開明一派爲「廣派教會」（Broad Church）；但是「廣派教會」的名詞，到較晚才有，並不成於當時。一八五五年喬伊特（Benjamin Jowett，後任牛津大學貝利奧爾學院院長〔Master of Balliol〕）[43]編訂的《聖保羅書札》（*St. Paul's Epistles*）出版。他異端的馬腳，已經在裡面露出來了。此書所載的，有對於贖罪說致命的批評、有對於凡人生來有罪說公然地否認、有對於上帝是否存在問題之理性的討論。只是此書及其他開明神學者的著作，惹起當時公眾的注意甚少，雖其著者免不了常受一點小麻煩。五年以後，喬伊特和他一個小開明團體中的分子，決計向「禁止人說眞事實之可恨的恐怖主義」宣戰；發行一書，名曰《論評集》（*Essays and Reviews*，一八六〇年出版）。其著作七人，六人即爲教師。這些文章所持的意見，在今日看起來眞是和平極了；現在許多受教育的教師，都能承受；但是在那時候，卻產生了一個極難受的感想。著者七人，竟被稱爲「七個反對基督者」。這書是主張《聖經》也當同他書一樣的解釋。「使青年學生以遲疑不敢應用於他書之義，而敢貿然應用於《聖經》，使其明知在尋常的歷史中不能相容的矛盾，而公然牽扯附合；使其將簡明的字句，偏要分成兩重的意義；使其採取神父及注解家種種的幻想與臆斷，而信爲實在的知識，——實非有益的教訓。」這是他們的話。這書以爲希伯來的預言，並不含有預知的性質。種種矛盾的記載，或記載僅以臆想方才可以說得過去的，斷不能由上帝口授。《馬太福音》與《路加福音》中關於記載耶穌世系之不符，以及記載復活事蹟之矛盾，不能歸咎於

「我們的能力有任何缺陷，也無理由假定這後面藏著任何超越常智的命意，更不能附會說是記載的人有任何一部分神靈的稟賦。」正統派擁護靈蹟的理由，最重要的就是人證；以爲親眼的證見，是最高無上的。此書把這些說法，一齊推開，認定證見不過是盲目的嚮導；把他與理性和我們所信自然界固定秩序之充分理由相敵，無論如何，是經不起一撞的。即在信仰英國國教三十九信條名義之下㊹，把那些驢能人言，水能壁立，女巫爲幻，鬼有各種等故事，僅僅當作「寓言、或詩歌、或神話」，未始不可；又如撒旦（Satan）人格問題及彌撒祭制度的起源問題，亦未始不可由我們自己判斷。此書全部的精神，或者可以從下面這個意思裡表現出來：若是任何人領會到「基督教起源是根據怎麼大部分或然而非必盡然的證據，他可以解脫好些困難，非如此不能應付的。多少有關係的事，從歷史事蹟方面來看，其根據甚可疑，把他當作歷史，更無從決定和證實；然而他能啓發眞理，正和歷史上絕對可靠的事實一般」，則又何必冒著不可打破的困難，一定要把他勉強變假成眞呢？換句話說，雖然有些事實，在歷史方面是假的，而在精神方面自有意義，則又何必做損人而不利己的

㊸ 喬伊特（Benjamin Jowett, 1817-1893）英國著名希臘學者及教育家。所譯《柏拉圖對話錄》（*Dialogues of Plato*）浩然大觀。爲不朽之譯本。

㊹ 英國國教三十九信條的歷史詳第四章。

事，一方面強作解人，不能自圓其說，他方面魚目混珠，擾亂歷史的眞相？

這部書裡最大膽的一篇論文，就是教師鮑威爾（Rev. Baden Powell）[45]的《基督教證據之研究》（*On the Study of the Evidences of Christianity*）。他是信進化論的人，承受「達爾文主義」，認靈蹟爲不可能。這書爲其他教師所排斥；其中有兩位著作者是受津貼的牧師，於是引起法律上的攻擊，竟被告發而受「宗教法庭」的審判。被控各條之中，有幾點成爲罪狀，有幾點放鬆過去，於是他們兩人被判決停止職俸一年；不服，訴諸英國樞密院（Privy Council）。韋斯特伯里（Baron Richard Bethell Westbury）[46]爵士當時爲樞密院長，宣布該院法律委員會的判決，與「宗教法庭」的相反。委員會的意見中有一條是認爲相信「永久的裁判」與否，並非做教士的主要條件。這件事爲韋斯特伯里博得死後的碑文說：「於人間的大業告終之時，他不惜代價，廢除地獄；把確奉正統的英國國教徒所守『永久懲罰』的最後希望，持之以去。」

這件事是「廣派教會」的一個大勝利，也是英國國教史上一件有趣味的事。以非教會中的常人，而壓倒坎特伯里（Canterbury）與約克（York）兩大主教的意見，決定什麼教義爲教士所當守，給教會中人以教會代表所認爲洪水猛獸的意見自由，這是何等的事！一八六五年國會通過一個法案，變更以前教師必須承受國教三十九信條之規定，於是這種自由，正式成立。《論評集》的一段情節，是英國宗教思想史上一個大紀念。

「廣派教會者」的和他們對於《聖經》的態度，使那些與他們意見最不同的人，也漸漸受他們的影響；到現在恐怕沒有一個人不承認，至少如《聖經》中《創世紀》的第十九章[47]那類的故事，是不必要上帝直接啓示，也可以由人杜撰的。

數年以後，正統宗教派的輿論，又被幾本了不得的書，敢於批評，蔑視和反抗權威的，震動不安了。這就是萊爾的《人類之原始》（*The Antiquity of Man*），西利（Sir John Robert Seeley）[48]的《試觀斯人》（*Ecce Homo*）[49]（西利此書，虔誠的沙夫茨伯里伯爵七世〔Anthony Ashley Cooper, 7th Earl of Shaftesbury〕[50]稱爲「從地獄的牙根中嘔

㊺ 鮑威爾（Rev. Baden Powell, 1796-1860）英國教士兼數學家。著"*History of Natural Philosophy*"等書。

㊻ 韋斯特伯里（Baron Richard Bethell Westbury, 1800-1873）英國法學家，其生平判詞於英國法律的發展頗有影響。

㊼ 此即指索多瑪（Sodam）及蛾摩拉（Gomorrah）兩城觸上帝之怒被毀，而羅德之妻化爲鹽柱的故事。

㊽ 西利（Sir John Robert Seeley, 1834-1895）英國史學家而常論宗教。《試觀斯人》（*Ecce Homo*）一書是於一八六六年匿名出版，大起一時反動。

㊾ 《試觀斯人》爲耶穌將被害，戴棘冠、衣紫袍時，法官 Pilate 指以向猶太人語。事見《約翰福音》第十九章。

㊿ 沙夫茨伯里伯爵七世（Anthony Ashley Cooper, 7th Earl of Shaftesbury, 1801-1885）英國政治家。生平極力提倡青年會運動及傳教事業。

出來的」）和勒基（William Edward Hartpole Lecky）[51]的《理性主義史》（*History of Rationalism*）。還有一位自由的新詩人突起，無所畏忌，高唱反對一切權威所認爲神聖的東西，此人即斯溫伯恩（Algernon Charles Swinburne）[52]十九世紀的大詩人，多少都是非正教的；華茲華斯（William Wordsworth）[53]在他神興最高的幾年之內，是一位泛神論者；雪萊爲其中最大的詩人，是公然的無神論者。斯溫伯恩以無所畏忌的辭命，不稍猶豫的熱忱，反對一切上帝和政府的專制，正和雪萊一樣。他的《克蘭敦中之亞特蘭達》（*Atalanta in Calydon*，一八六五年出版）一劇，雖其劇中人所發表的言論就是詩人自己也不能嚴確答覆，然其對於「無上罪惡，上帝」之反對，實大聲疾呼而前，宣報來了一位新勇士，將進攻一切權威的壁壘。過了一年，他的《詩歌集》（*Poems and Ballads*）出版，表現一位異端的精神，罵倒一切基督教世界中之偏見及其共同崇奉的東西。

但是在英國反對正教最熱烈興奮的文學戰爭，起於一八六九年，爲期約經十二年之久；在這個期間，教會信條之敵，帶著各種彩色的都有，一齊少守緘默而多取攻勢，較這一世紀中任何期間爲甚。莫萊爵主觀察所得，說：「玄想文學的勢力，常仗著事實上機遇的成熟。」十九世紀七十至八十年間之理性的文學，正足以說明這點。這個期間，是一個希望與恐怕，進步與危險同時並起的時代。現世主義者與理性主義者，因英國廢止在愛爾蘭所設教會案（一八六九年），無神論者能在法庭作證案（一八六九年），及大學入學廢除宗教試驗案（一八七一年，此案屢遭失敗），受了很大的鼓勵。但是在他方面，則一八七〇年的教育案雖然算是進步的；然自主張現世教育的人看過去，還是失望的，因爲其中有許多伸長教會勢力，而不能受他們歡迎之點。當時全歐在羅馬教會以外，並有在他以內的人，都覺得教廷發表宣告教皇不會有錯（Infallibility of the Pope）的命令，是一件公共的恐怖。此令成於一八六九至一八七〇年間之「教皇御前會議」（Vatican Council）；一個英國人——大主教曼寧（Henry Edward Manning）[54]——實爲產生這道命令的主要分子之一。若以前教皇宣告排斥「近代的謬誤」之印象，當時不在人人心中還是很新鮮的，則一般的恐怖，或者還可以減少一點。在一八六四年之末，他曾發表一本《節要》（*Syllabus*）「包括我們的時代中主要的謬誤」，驚動世界。如每人都能按著理性的光，採取並認定一種自己信以爲眞的宗教；教會沒有用暴力之權；玄學能被人而且當被人自由研究，不須過問神聖和宗教的權

---

51 勒基（William Edward Hartpole Lecky, 1838-1903）英國史學家。著作極多，尤以研究英國十八世紀史著稱。

52 斯溫伯恩（Algernon Charles Swinburne, 1837-1909）英國詩人。其詩除以音節特著外，且以思想深刻著，反宗教尤力。

53 華茲華斯（William Wordsworth, 1770-1850）英國詩人。與柯勒律治（Coleridge）同爲當時文學革命家，而兩人同富哲學思想。

54 曼寧（Henry Edward Manning, 1808-1892）英國人，任羅馬舊教大主教。

威；奉羅馬舊教的國家，允許自他國來的移民，公開信他們自己的宗教；是正當的；教皇應當與時代的進步，及自由由主義和近世文明調和，不相衝突，——這都是此項通令所認爲謬誤的。這個文件，大家認爲反對啓明的宣戰書；教皇御前會議是黑暗的軍隊第一步戰術上的動作。彷彿黑暗主義的權力，又仰起頭來，做新的騷動；大家心裡不知不覺的感受到所有理性的軍隊，都當開赴戰線。最近四十年的歷史，倒也不覺得教皇無誤之說。自從頒布以來，比以前有什麼更危險的地方。但是羅馬教會自御前會議以後，卻費盡氣力去推翻法蘭西民主國和破壞新德意志帝國：這些事頗足使人不安。但建立義大利新國家完全的自由，而推翻教皇在政治的權力，卻是對於黑暗勢力極有效的反抗。這件事也就是斯溫伯恩《旭日之前詩》（*Songs before sunrise*，一八七一年發表）中的旭日；這首詩正是無神論與革命的苗圃，其種子是極深對於宗教信條與暴主專制的怨恨所播下的。這部詩集中最了不得的一首詩是〈人頌〉（Hymn of Man），這詩是正當教皇御前會議開會時做的。他讚揚人戰勝了教師的上帝，因爲教皇在人間的權力消沉，上帝也將無以自保。最後數行，可以表現全詩精神。

「拿你在地獄的火中寫著，
插在刀尖上燒著的名字來賭咒，

你現在也被打倒了，你上帝，你現在也被打倒了；
你的死已臨頭，阿，主呀。
地上愛情的歌，當你死的時候，從他迴舞的翅膀尖上；發出回音——光榮歸
到最高的人類！他是萬物的主人。」

這樣的著作，當時不受懲罰而能發表，可見得英國對於褻瀆法的政策，顯然不把它應用於知識界，只是防範普及民眾的出版品。

當時政治的情形，固然是怎樣歡迎和刺激理性主義者，使他們勇邁前進，但是我們不可以拋下了當時廣派教會運動和達爾文主義的影響。《人類的由來》（*The Descent of Man*）一書，正發表於一八七一年。有一種新的，非武斷的基督教義，當時也正在教壇裡宣講。萊斯利·史蒂芬於一八七三年指出來道：「並不須過於張大其詞，可以說是現在這些教義裡不但沒有一條是不與免除懲罰的。」萊斯利·史蒂芬於一八七三年批評當時的風氣道：「說現在不但反對任何信條而不犯罪，並且教會裡的宣講，意在博正統之名譽而欲使人對具有精當之頌揚的，沒有不與信條相衝突，實非言之過甚。一般人的心理所趨，可以將以下這個故事來表現。有一個輔助教會牧師管理常務的人，認為這位牧師的宣講，與教義太違背了，想起一點小小的抗議。他只是以賠不是的態度，向著牧師道：『先生，你看怎樣，我想上帝是有的。』其實他的思想，也不過以為對教會第一條信仰就懷疑，是趣味方面或是判斷方面，一

件不很妥當的事。」

上流階級受到美育運動的影響（羅斯金〔John Ruskin〕[55]、莫里斯〔William Morris〕[56]）及前拉斐爾派（Pre-Raphaelite Brotherhood）[57]的畫家；以後更有佩特（Walter Pater）[58]於一八七三年發表的《文藝復興演講》（*Lectures on the Renaissance*）也是當時一種標幟。因爲凡批評家、藝術家和詩人的態度，骨子裡都帶異端。那些神學裡救世救人的道理，在他們看來，彷彿不曾有過。他們對於快樂的理想，是在一個不問天國的宗教裡的。

那時候似乎是把積蘊盡情發洩的時機。當這很熱鬧的幾年，影響青年和震駭信徒的書籍和論文，[59]大多數都是那些可以用「存疑主義者」（Agnostics）這個廣義的名詞去形容的人之著作。這個名詞，爲赫胥黎所造，在當時成立未久；用了去形容那些著作家，可以說是很公道。

這些「存疑主義者」以爲人類的理性有限度，神學處於這個限度以外。在這些限度以內的世界，是科學（包括心理學）所問的。科學所問的完全是現象（Phenomena），對於在現象背後什麼最後實體的性質，一概不談。人對於這種最後的實體，約略有四種態度。有一種是玄學家與神學家的態度；他們深信不但有最後的實體存在，並且至少這實體的一部分可以被我們知道。有一種是絕對否認這種實體存在的態度；但是他們必定也是玄學家，因爲實體的存在，只能用玄學的理由來否認。於是又有一種態度，是承認有實體存在，卻否認我們對於他能夠知道任何東西。最後的一種態度，是以爲實體的存在與否，我們不能知道。這最後的一派，就是「存疑主義者」這個名詞的嚴格意義，就是指那些公認我們不知道最後實體的人。第三派說到現象背後還有一個不得而知的實體，則已超過現象以外。但是通常用「存疑

---

55 羅斯金（John Ruskin, 1819-1900）英國文學家。著"*Modern Painters*"提倡 Turner 派畫最力。

56 莫里斯（William Morris, 1834-1896）英國文學家。以詩名而能畫。以後傾心社會主義，自成宗派。

57 前拉斐爾派爲十九世紀中葉，英國一派畫家之稱。一八四八年 D. G. Rossetti, J. E. Millais, F. G. Stephens 等，組織一團體，名 Pre-Raphaelite Brotherhood 其目的在提倡反對當日的學究派，而回到拉斐爾（Raphael）以前更自然與更簡單的觀念上去。亨特（William Holman Hunt）實爲此派前驅。

58 佩特（Walter Pater, 1839-1894）英國批評家，以文學美麗見稱。除"*The Renaissance*"外，尚有"*Plato and Platonism*"及"*Appreciations*"等書，均可讀。

59 除曾在此書徵引者外，還有可述的，如雷德（William Winwood Reade）的《人類的殉道》（*The Martyrdom of Man*，一八七一年出版）；穆勒（John Stuart Mill）的《宗教三論》（*Three Essays on Religion*）；卡塞爾（Walter Richard Cassels）的《超自然的宗教》（*Supernatural Religion*）；廷得耳（John Tyndall）的《在柏爾花英國協會演說詞》（*Address to British Association at Belfast*）；赫胥黎（Huxley）的《動物的自動力》（*Animal Automatism*）；克利福德（William Kingdon Clifford）的《身與心》（*Body and Mind*），以上著作，均於一八七四年發表。——原注

主義者」這個名詞，都是很廣義的，包含第三派與第四派——就是那些假定還有一個不可知的實體者，和那些以為不問有可知或不可知的實體，我們不得而知者。如孔德與史賓塞雖然相信有一個不可知的實體，也算是存疑主義者。存疑主義者與無神論者的分別，就是後者積極地否認有類人的上帝存在，而前者只是不相信而已。

這個時代有一位著作家，其所持的「存疑主義」是純粹的；他以毫不留情的邏輯，發射酷烈的理性之光芒，去攻擊神學的意見。此人即萊斯利・史蒂芬。他最著名的論文，名〈存疑主義者的答辯〉（An Agnostic's Apology）在一八七九年的《雙週評論》（*The Fortnightly Review* 發表）提出一個問題道：這些基督正統的神學家之天經地義，究竟有什麼意思？難道他們能給宇宙間的衝突，以有意義的調和？於是這篇文章細細地指出來，種種神學裡對於上帝和人類關係的解答，律以邏輯，還是一些不識無知的供狀。這與存疑主義有何差別？你可以說你對於宇宙的疑難，是一個神祕；但是神祕這個名詞，並非解答，不過用宗教的名詞，來遮蓋存疑主義。「為什麼，沒有一位誠實的人在私底下會否認一切最後的問題，都藏在他不可知的神祕深處；而這同一位誠實的人，在教壇上卻公然強不知以為知，令人不遲疑地去信那不可知者，以為這是我們這班最愚而最無知者的義務？我們都是一群知識不夠的，發出來黯淡的光明，僅足以供日用的需要；一要去解釋我們來蹤去跡的最後起源和結果，就陷入沒辦法的意見紛歧；然而若是我們中間有人敢於公然說我們不知道宇宙的全圖，有如我們不知道一個最小教區的全圖一樣，卻要被嗔叱、辱罵，甚至說是為了這種信仰的缺乏，說者當受萬劫不復的裁判。」萊斯利・史蒂芬這些論文的特點，在於少攻擊正統的神學不眞，而從根本上點破他本身的不實在。凡是他對於難題的解決，都是紙老虎式的解決，經不起一打的。若是他果能解答此項神祕的任何部分，我們也很願意歡迎；無奈他不但不能，而且加上許多新困難。他不過是「月亮裡的瓊樓玉宇」。萊斯利・史蒂芬並不設法以邏輯去證明最後的實體，在人類的理性以外。他只是說明沒有哲學家不是毫無希望地互相抵觸，以證明他的結論；若是哲學的取材，和自然科學一樣，在人類理智所能達到的範圍以內，則至少也當有些可以爲大家公認之點。

就如當時欲以舊瓶而儲新酒廣派教會運動；極力解放基督教義，使其不拘宗派、不涉武斷，謀神學與科學調和的，在萊斯利・史蒂芬看去，也不贊成；他批評這些東西，總多少瞧不起。當時發生禱告是否有效之爭。有如，求雨是否合乎理性？此處科學和神學遇到在科學領土以內的實際問題了。有些神學家採取一種調和的態度，以爲禱告而止日月蝕雖屬愚昧，但是求雨則亦不無意義。萊斯利・史蒂芬論道：「一種現象，是一組固定的原因之結果，正和他種現象一樣。但是要以想像去假定有一位神聖的經理，躲在無限複雜的勢力運行後面，發縱指使，有時閃避我們氣象學上的測算，自然比相信那些勢力，簡單到可以事前測定之說，容易而且有趣得多。以上帝的萬能，對於區區氣象的預測，哪在眼裡；他高興干涉什麼與不高興干涉什麼，悉聽自便，豈容科學強立界限，說什麼是屬於神聖的宗教，什麼是屬於氣象的科學。世界上的人萬不能假設科學前進、上帝就後退，更不能想到自富蘭克林

（Benjamin Franklin）[60]發現雷電現象的定律以後，上帝就不假雷公電母向人說話了。」

當時還有一個地獄之爭，爲一般人所注意。有些非正宗的神學家自己思考所得，也認爲最後裁判之說，是一個很恐怖的教義；並且找出此說之證據，並不充分。他們更有這種膽量，敢把所見直接說出來。於是萊斯利．史蒂芬又大踏步進來，指點給他們看：果然如此，則歷史上的基督教，對於這點，應當承受他最厲害的敵人之攻擊。在昔基督教信條眞正統率人的良心時，竟沒有人說一個字反對地獄之斷信爲眞理。若是這個斷信在基督教信條中沒有分不開的有機關係或者他僅是不重要的偶然之事實，則當年在舉凡基督教最強的地方，他不當如此的強勁有力、落地生根。到現在乃有人想把他刪去，或是軟化，可見得基督教已有衰落之徵。「至少現在你的信條也頹蝕下去了。大家已經發現了你們對於自己昔日所主張的，並不曾知道一點；天堂地獄，不過屬於夢境；那班魯莽滅裂的毛牧師告訴我，說是若我不分擔他的迷信，則我將來當永受地獄烈火之苦。只是他自己對於這種苦痛的地獄，同我一樣的不知道；而我所知道的，乃不超過於我的狗所知道的。於是你又鎮靜地說道：『這錯了。你總要相信一點東西——現在我們弄一點最容易不過的東西給你信。將來地獄裡總弄得氣候和好宜人，對於你的身體很有益的；裡面沒有他人，只是加略人猶大（Judas Iscariot）[61]及其他二、三子；即使可憐的魔鬼而決計改過遷善，也可以有進去的機會。』」

馬修．阿諾德（Matthew Arnold）[62]我以爲，也可以列在存疑主義者之名字中間；但是他的派別又不同。他另開一種新式的《聖經》批評，——文學的批評。深度關心於道德和宗教而又爲贊成國教的一人，他把《聖經》拿來，放在他的特別保護之下；在他的三種著作之中——《聖保羅與新教》（*St. Paul and Protestanism*，一八七〇年）、《文學與斷信》（*Literature and Dogma*，一八七三年）及《上帝與聖經》（*God and the Bible*，一八七五年）——他致力於把《聖經》從正宗的神學專家手裡救出來。他認爲這些人是敗壞基督教者。他說，因一般正統的神學家對於《聖經》所作文學及科學的批評之惡劣，以「不誠不信」的名詞加在他們身上，「縱或非基督教徒所當說」，然而不能說是不公平；以「不誠不信稱星期日教堂裡滔滔不絕宣講」，也同樣的不爲過分。基督教的腐敗，是由於神學帶著胡說亂道的態度，瞎肯定上帝、瞎肯定不朽；由於他「假定自然和人事的上面，有一位放大的和不自然的人在那裡主持」；並且由於他「把《聖經》裡東雲一鱗，西雲一爪之說，集在一處，按字逐句來解釋」對於上帝，構成一種可笑無稽的記載。馬修·阿諾德以典雅

㊿ 富蘭克林（Benjamin Franklin, 1706-1790）美國政治家與科學家。於政治方面爲獨立時開國元勳之一；於科學方面則以在電學上之貢獻爲最多。

(61) 加略人猶大（Judas Iscariot）耶穌門徒，賣耶穌而致之死。事見《馬可福音》第十四章第四十三節以下。

(62) 馬修·阿諾德（Matthew Arnold, 1822-1888）英國文學家，爲十九世紀文學批評重鎮。任牛津大學詩學教授，於英國文學影響頗大。

的諧謔之詞，糾正那些正統的神學家對於上帝所定的程序和計畫之知識，認爲他們所獨有的。馬修·阿諾德說：「他們自以爲知道『三一會議』（Council of the Trinity）席上的經過，並不困難；要知道三一會議會場中壁上所掛的東西，恐怕他們更優爲之。」只是「談到『三一』（三位一體）這個名詞的本身，恐怕就要引起爭論，搖動《聖經》宗教的全體；但是爲免除蘇西尼派[63]聽了高興起見，我可以趕快補足一句道，即把『類人上帝』改稱爲『類人的最後之因』，其發生的結果也是一樣。」他以爲用「上帝」這個名詞，不過因爲想不出更適合的，所以姑且用著，以表現那種在知識覺之則爲法，在情感覺之則爲恩的宇宙秩序。他訓之爲「萬物藉此前進以滿足他們有生之則的趨勢。」他更訓之爲創造正義之權力。說到此，則他已超越存疑主義的範圍以外很多了。他頗不耐煩地去細細批評和分析《聖經》的書籍，以發現其中矛盾謬誤之點；並且他不能領略比較宗教學的重要只是我們看近來一個宗教集會裡，有一位教會重要人物演說，還以爲〈約拿書〉（Jonah）與〈但以理書〉（Daniel）二書[64]中。一定是眞的，因爲耶穌曾經引過；則我們不能不懷想到馬修·阿諾德，假設其今日還在，可以去申斥這班正統的神學家「缺乏知識的鄭重態度」。

當這幾年，還有莫萊對於十八世紀法國自由思想家很具同情心的研究發表；其書爲《伏爾泰》（*Voltaire*，一八七二年）、《盧梭》（*Rousseau*，一八七三年）、《狄德羅》（*Diderot*，一八七八年）。他編輯《雙週評論》（*The Fortnightly Review*）；在好幾年中，這個雜誌對於宗教，多精越的批評，著論者皆當代能人，從各方討論，多有特色。他所著的《調和論》（*On Compromise*），於各篇未曾綜合成書以前，有一部分於一八七四年在《雙週評論》發表。他在《調和論》中，「認爲構成當日通俗信仰的所謂客觀宗教主張之全部系統」皆爲惡作劇。他主張不必假藉名義強作遁辭，凡是自己不相信的，都應當老實說出來。向公眾說老實話，是一件知識的義務。英國人對於政治的責任心本來極強，但是對於知識的責任心（sense of intellectual responsibility）則成反比例。即以並非庸俗的思想家論，他們也沒有受到政治方面的影響而受了極壞的影響，這影響就是爲自己的便利，而把愛眞實、愛確切推理的心，拋在其次。自古以來這種政治裡流行的原則，常被神學採爲己用。在前者以便利爲首而眞理居次，在後者以情感的安慰爲首而眞理居次。若以爲將此項原則應用於宗教範圍以內，不及應用於其他範圍以內的不道德，然則「知識上不誠實的汙點」如何能逃？這是反對社會的罪惡，因爲「有人破壞眞實，不論其動機如何，即爲破壞人類進步的活力。」《調和論》中所攻擊的知識不誠，至今仍未少減。英國人的性情，猶未變更；這種所謂「政治的」精神，依然得勢；並且我們還是受那種舊觀念的支配，以爲在政

---

⑥③ 蘇西尼派已詳第四章注及第五章本文。此處所當補述以求明瞭者，即此派是不承認三位一體諸說，而與一神主義相近。

⑥④ 〈約拿書〉（Jonah）與〈但以理書〉（Daniel）二書，均屬於《舊約》。

治裡調和是必要的，所以在知識範圍以內，調和也是一件好東西。有知識責任的人，讀了《調和論》能不回想？

在莫萊的指導之下，《雙週評論》爲啓明事業見效力的機關。本書地位有限，我不能多述其他文學家和科學家的著作，在這戰爭激烈的幾年中所發表的。但是有很可注意的，就是當教壇否認近代思想洶湧的時候，有一種自由思想謀普及的運動正在進行，如查爾斯・布拉德勞[65]的公開演講，和他所辦的報紙名《國家的改進者》（*Nation Reformer*），是尤其出力的。而且他們對於民政當局，不是沒有發生過多少次的衝突。

若是研究十八和十九兩世紀英國民政當局禁止發表非正統宗教意見的出版品諸案件，我們可以找出他阻礙自由思想的目的，在恐怕這種思想傳播到一般平民裡面去。所以受害的或是貧苦的人，或是未受教育的人，或是以通俗的論調，傳佈自由思想的人。以前我說潘恩的時候，已因提過這點；十九及二十世紀種種的告發案子，更可佐證。他們的隱衷，在於怕一般的人民。神學自古以來認爲使窮人謹守秩序的良好工具，而不信宗教則常認爲危險的政治思想之原因或伴侶以爲自由思想，特別不宜於窮人；以爲使窮人長此迷信就是使他們長此知足；以爲窮人正當感謝那些比他們境遇好的人爲他們定下的一切宗教的與社會的安排：這種觀念，至今還未完全消滅。我引哈里森論文中一段故事，極能表現窮人將來對於教會制度的態度。「在艾塞克斯（Essex）地方有一個窮人正要死了，那工廠的主人被請去做臨終時的宗教祈禱者。這個可憐將死的靈魂，口裡念念有辭地表現他死後能上天堂的希望。但是這位來禱告的主人，抖然把他的話打斷了，警告他，教他轉最後的一念到地獄裡去。他說：『你應當感謝，他還有一個地獄能夠去。』」

當時最重要的自由思想家，其言論能達於民眾的，就是現世主義信徒霍利約克（George Jacob Holyoake）[66]與查爾斯・布拉德勞。[67]查爾斯・布拉德勞最大的成功，使人永遠記得的，是爲不信國教者得著能入國會而不須宣誓之權（一八八八年）。霍利約克主要的貢獻，（他早年曾因侮神而入獄），是運動廢除妨害普及知識的出版稅。[68]在英國，則

---

65 查爾斯・布拉德勞（Charles Bradlaugh, 1833-1891）英國自由思想家，於政治運動，亦頗參與。自一八六〇年起主持《國家的改進者》（*Nation Reformer*），於一八六八至一八六九年間，以侮蔑宗教罪被控。

66 霍利約克（George Jacob Holyoake, 1817-1906）英國社會改革家。崇奉理性主義，而且鼓吹歐文（Robert Owen）合作運動。其所著"*The Origin and Nature of Secularism*"甚可讀。

67 有可注意的就是霍利約克在他晚年，幫助建設理性主義者出版協會（The Rationalist Press Association）。克洛德（Edward Clodd）歷任此會會長多年。這是在英國傳佈理性主義主要的結社，其目的爲印行自由思想者的著作，以廉價本出售（參看附錄中理性主義之重要著作表）。據我所知，其所印銷之廉價本，至今已在二百萬冊以上。——原注

68 廣告稅於一八五三年廢除，印花稅於一八五五年廢除，紙張稅於一八六一年廢除，隨意捐於一八七〇年廢除最早。——原注

報紙檢查律很久以前就消失了（參考第六章）；在其他歐洲的國家，到十九世紀也次第廢除。[69]

在歐洲進步的幾國之中，寬容之風，（我並不是說法律上的寬容，乃是說社會輿論的寬容），於最近三十年間，尤見增長。三十年以前，莫萊爵主著論道：「社會輿論能讓人有不受限制的自由，打破環境，以鎔鑄個人自己的信仰，——這開宗明義的一關，至今還不能說是經過。」我想這最初的一關，現在已經過了。以英國為例。我們現在去托馬斯．阿諾德（Thomas Arnold）[70]博士以詹姆斯．穆勒的宗教意見離經叛道，想把他流竄到植物學灣（Botany Bay）[71]的時代，已經很遠了。並且距達爾文的《人類的由來》初出版惹起群情洶湧的時代，也已經很遠了。達爾文今已安葬於西敏寺（Westminster Abbey）[72]。現在即否認耶穌為歷史上眞實人物的著作，也不會鬧亂子。阿克頓爵主[73]於一八七七年說：「在我們這時候，有許多受教育的人，尚認為宗教殘迫是正當的」；但是這話在今日是否適用，實可懷疑。一八九五年，勒基尚可為都柏林之學（Dublin University）出席國會議員之候選者。他理性的意見，當然起了許多反對；但是雖然選舉者大多數屬於該處正統的宗教，他的選舉終究成功。若是在一八七〇至一八八〇年之間，則他的候選資格，尚絕對無望，遑論當選。舊日認為自由思想家不道德者的常見，至今已不復聞。我們可以說是到了一個階級，其中各個（除了在教皇御前會議的人）都承認天上地下，沒有一件事不能合法討論，無須加上舊日權威硬派定的前提。

在這個簡短的十九世紀理性的勝利之敘述中，我們所討論的是科學與批評之所發現；這些發現使舊日正統教說，在邏輯上不能成立。但是思想自由的進步，現在的人和一百年前的人，對於神學權威之顯然不同的態度，並不是完全藉邏輯之力可以解答的。變遷所自，得力於批評舊觀念，還不及於發現那變更一般態度的新思想和新興趣爲多。這類的變遷，並不是邏輯的演證；而改換一般人對於最後問題的態度，乃是由於新的社會思想。對於這種態

---

⑥⑨ 在奧匈國則警察尚留臨時停止出版權。俄國於一九〇五年有上諭宣布出版自由，以後即成廢紙。凡報紙均完全屬於警察管理下。——原注

⑦⓪ 托馬斯・阿諾德（Thomas Arnold, 1795-1842）英國教育改革家，通常都稱爲 Dr. Arnold。於教育改革，貢獻極多，其人頗富宗教思想。可參看 A. P. Stanley: *"The Life and Correspondence of Thomas Arnold"*。

⑦① 植物學灣（Botany Bay）爲澳洲坎伯蘭（Cumberland County）之海灣。一七八七年英國以此爲罪人流放之處，至一八四〇年方廢止。

⑦② 西敏寺（Westminster Abbey）在倫敦，爲英國建以葬偉人名士之處。

⑦③ 阿克頓爵主（Lord Acton, 1834-1902）英國史學家，大家公認在他當時是最有學問的人。是一部永未動手的大書——《自由史》——之著作者。他任劍橋大學近代史皇家教授，爲英國史學界最重要講席。死後即由本書著作約翰・巴格內爾・伯里繼承。關於他的事蹟，Herbert Paul 所編訂之 *"Letters of Lord Acton to Mary Gladstone"* 一書前之 Introductory Memoir 甚可參看。

度的變遷，我以爲人類進步這個思想，是一定負大部分責任的。我以爲打消神學的信仰，他也一定是一個有力分子。狄德羅和他的朋友主張人的精力，應當用去把地球造成樂土，這點我曾說過。這個新理想就代替了出自多少神學前提的舊觀念。他啓發了英國實利主義（utilitarianism）派的哲學家（如邊沁〔Jeremy Bentham〕[74]、詹姆斯・穆勒、約翰・史都華・穆勒、格羅特〔George Grote〕[75]），宣講最大多數的最大幸福，是人類行爲的最高目的及其道德的基礎。這個理想，得到歷史進步說的聲援，氣勢大振。這種進步說，於一七五〇年已由法國杜爾哥（Anne-Robert-Jacques Turgot）[76]創始；他以進步爲有機的歷史原則。一七九三年孔多塞（Marie Jean Antoine Nicolas de Caritat, Marquis de Condorcet）[77]在法國，普利斯特里在英國，均爲之極力發揮。法國社會主義的哲學家如聖西門（Claude Henri de Rouvroy, Comte de Saint-Simon）[78]及傅立葉（François Marie Charles Fourier）[79]又將他抓住，引爲主張。傅立葉的樂觀主義，跑到怎樣極端，至於逆料將來有時海水能以人力而化爲檸檬露，世界能有三千七百萬與荷馬一樣偉大的詩人，三千七百萬與莫里哀（Jean-Baptiste Poquelin Molière）[80]一樣偉大的著作家，三千七百萬的科學家能與牛頓[81]相等。對這主張加些分量和勢力的，就是孔德。他的社會哲學和「人道宗教」（Religion of Humanity），即根據於此。科學的勝利，助他張目。這種哲學雖不必算在生物科學的進化論裡，然而與後者也是很接近的。雖稱這種態度爲十九世紀精神上引導的勢力，也不爲過。他爲後世介紹一種新倫理上的義務說。若是我們說這種對於「將來」和「人類進步」的新興趣，於不自覺中大大地打破舊日對於「死後生活」的興趣，我們並沒有說錯他實在把那認爲人生爲根本有罪，是種降罰的宗教學說，使人挫氣喪志的，打個落花流水。注重進步

㉔ 邊沁（Jeremy Bentham, 1748-1832）英國哲學家，其實利主義於歐洲政治社會影響極大。與穆勒父子善，同爲該派學說重鎮。

㉕ 格羅特（George Grote, 1794-1871）英國史學家。其“*History of Greece*”及“*Plato and the Other Companions of Socrates*”均精審之鉅製。

㉖ 杜爾哥（Anne-Robert-Jacques Turgot, 1727-1781）法國財政家。其當政時頗有改革，常爲民眾謀福利。於經濟學說亦有貢獻。

㉗ 孔多塞（Marie Jean Antoine Nicolas de Caritat, Marquis de Condorcet, 1743-1794）法國哲學家與數學家。於教育社會哲學，頗多貢獻。

㉘ 聖西門（Claude Henri de Rouvroy, Comte de Saint-Simon, 1760-1825）法國經濟學家與社會主義者。主張以科學能力，改革社會。所著有“*De la réorganisation de la société européene*”等。

㉙ 傅立葉（François Marie Charles Fourier, 1772-1837）法國經濟學家。所著“*Le nouveau monde*”等書，極富對於未來社會之有趣玄想。

㉚ 莫里哀（Jean-Baptiste Poquelin Molière, 1622-1673）法國最大之戲曲家，人們以法國之莎士比亞稱之。

㉛ 牛頓（Isaac Newton, 1642-1727）英國最大之科學家。中國曾有人譯作「奈端」。

之說，沒有更過於德國「一元主義運動」（Monistio Movement）的。這運動於一九一〇至一九一二年在德國最盛，其所根據的是海克爾的思想。海克爾被推爲這個運動的主人翁；但是一元主義的思想，以後受了一位新領袖瓦爾德（Friedrich Wilhelm Ostwald）[82]的影響，起了許多更變。海克爾是生物學家；而瓦爾德精越的著作卻都在化學和物理學裡。新一元論和舊一元論不同的地方，第一就是不及舊的武斷。他宣告凡是在我們經驗裡的東西，都可以有一種相當的科學，把他拿來作對象。這種主義的本身，還是偏近於方法而較遠於哲學系統；因爲他唯一最後的目的，在於統一的知識之中，求籠括領會一切人類的經驗。第二，他雖然與海克爾相同以進化論爲左右生物史的原則，但是海克爾的泛神論及「思想的原子說」（theory of thinking atoms），是他不接受的。舊式物質世界的機械論，漸漸被「物能說」（theory of energy）代替了；瓦爾德是最初發揮「物能說」者之一，他把此說造成一元論的主要觀念。現在所謂物質（matter），據我們所能知道的，都不過是多少物能的組合；瓦爾德極力將這種「物能說」，從物理的和化學的現象裡，推到生物的、心理的和社會的現象裡。但是他並不以這個物能力的觀念，作爲最後的定論；這不過是一個假定（hypothesis），與我們這個時代所得的知識，能夠相符的知識還進步，則這個假定也可能被其他的學說所代。一元論與實證哲學及孔德的宗教相似之處，只是在他以爲人生觀應當根據科學，而屏棄神學、神祕主義與玄學。若是我們採取麥克塔加特（John McTaggart Ellis McTaggart）[83]的宗教界說，以爲宗教是「一種情緒，根據於深信我們自身與宇宙，全部是融洽無間的。」則稱此種主張爲宗教，也未始不可。但是在這個關頭，「宗教」這個名詞，最好不要同他用在一起；況且一般一元主義者並不曾有建立一元教會的思想，如孔德曾經建立「實證教會」（Positivist Church）。他們堅持科學的人生觀與宇宙觀和宗教的截然相反；覺得宗教漸成爲非不可少的東西，是人類精神上進步的標幟。我們可以看見，時代越遠，則宗教在文明之中越有價值，人類越進步，則宗教越向後退，漸爲科學所代。宗教在主張上對於現代世界的改變，是悲觀的；而一元論在主張上是樂觀的，因爲他承認進化的程序是已經逐漸地勝過了人類裡惡的元素，而將來的勝利更是無窮。一元論宣告宗教，尤其是羅馬舊教，自古至今，總是深閉固拒，雖無力停止世界的進步，然一見進步的徵兆，必然盡力去壓制壅塞，只是「發展」與「進步」兩個觀念，至今已爲，並當爲人類行爲的實際原則。[84]一九一一年的漢堡（Hamburg）「一元主義大會」（Monistic Congress），其成功爲

---

[82] 瓦爾德（Friedrich Wilhelm Ostwald, 1853-1932）德國科學家，於物理的化學貢獻極大，而兼及哲學。其物能說於哲學上甚有影響。於"*Vorlesungen über Naturphilosophie*"頗代表其哲學思想之大概。

[83] 麥克塔加特（John McTaggart Ellis McTaggart, 1866-1925）當代哲學家，現任劍橋大學三一學院哲學教職。以治黑格爾派哲學著名。所著"*Studies in the Hegelian Dialectic*," "*Studies in Hegelian Cosmology*," "*Some Dogmas of Religion*"等皆重要。

[84] 此處所說一元派對於宗教的態度，都是取料於瓦爾德在一九一一年及一九一二年所發表之《一元主義星期講壇》（*Monistic Sunday Sermons*）。原文均見德文。——原注

發起人所驚。這個運動，對於傳播理性思想，是有很大的勢力。[85]

若是我們觀察西歐三個舊教徒占多數的大國，就可以知道怎樣一方面的進步理想與思想自由，和他方面的宗教權力，是互相消長，分不開的。西班牙國內的教會尚有無限的權力與財富，足以指揮宮廷與政客，較法蘭西與義大利的舊教爲盛，所以進步的觀念，在法、義極有生機、生命的，視爲命脈，而在西班牙則毫不發生鄭重的影響，可以使人覺著。在很小的知識階級以內，開明的思想，自然也很普通；但全部人口的最大多數，都未曾受過教育。不使他們受教育。只是因爲他們的教育是與教會利益不能相容。凡是開明的西班牙人，沒有不公認平民教育，是他國內最需要的事。但是如果要允許近代教育，在西班牙傳播，則事前所當征服的困難，疑尚有極可恐怖的存在。四年前費雷爾（Francisco Ferrer Guardia）[86]的悲劇，猶可以作說明。此事可以使大家知道西歐有一隅，中古時代的精神，依然跋扈。費雷爾自一九〇一年以來，在加泰隆尼亞（Catalonia）致力於建設近代學校的事業。他是一個理性主義者；他所辦的各學校，都是很著成績的，都是世間化的學校。教會中的權威懷恨於他；到一九〇九年的夏天，居然得到機會毀滅他了。在貝爾塞羅拉（Barcelona）地方有工人罷工，以後發展到暴動的革命；當這初起的時候，費雷爾適逢在那地方住了幾天，但是他對於這個運動是毫無關係的。他的敵人卻抓住機會，硬把暴動的責任拉到他身上。假的證據（其中包含簽假字的文件）一齊製造好了。舊教的報紙，極力鼓動反對他；在貝爾塞羅拉的主要宗教中人物，強求政府不必姑息這個建設近代的學校者，因爲他是一切的禍根。於是費雷爾受軍事裁判，於當年十月十三日槍決。他是為理性及思想自由的主張而死；雖然今日已無「宗教審問處」，而他的仇敵猶能以無政府，賣國等項假罪名殺他。也許由於全歐對於此事之憤怒不平，——在法國之反對聲浪尤高，——能阻止此項極端手段的再用，但是在一個教會勢力如此之強暴昏迷，而政客又如此之腐敗的國家裡，還有什麼事不能發生。

㉟ 我在此處可以註明，因為這部書並不是思想史，所以我不提到近代哲學的玄想（在英、美、法諸國）。這些玄想之中有些曾被認為傾向於維持神學的。但是他們根本上都是與正宗相違。——原注

㊱ 費雷爾（Francisco Ferrer Guardia, 1859-1909）西班牙教育改革家，倡「近代學校」之說而身體力行之。

第八章　主張思想自由的理由

許多生長在近代國家自由空氣中間的人，觀察自由與權威的長期戰爭，自然同情於自由方面；也許對於政府和社會固執不放，用以反抗新興的觀念和自由的玄想之專制政策，在他們看去自然是悖謬不堪的，想不出有任何理由，可以袒護。這本書所載的，豈不顯然是光明與黑暗的戰爭？教廷與宮廷朋比爲奸，反對人類的進步；這種陰謀，豈不經我們明白宣布？我們常回想到多少爲理性執殳前驅的先烈，受那班縱非有意爲惡亦是盲目無知的擁護權威者，所施的種種苦痛，能不膽戰心驚？在這種情形之下，爲什麼會想到對手方面，還有任何解答之詞？

但是主張壓制自由的，也多少有詞可藉。讓我們把限制最嚴格的關於社會對個人應有的權力說，審查一番。「人類的社會，僅能於自衛的時候，才可以單獨的或集合的干涉其中分子的行動自由」：這話以擁護自由最力的約翰·史都華·穆勒，也還承認。可見壓制自由的手段，雖僅在防範甲的行動自由，侵害到乙的時候，才可使用，然其本身亦不無可以存在的理由。政府最低限度的權力，也當有這一點。防止任何一分子受他一分子侵害，不但是政府的權利，並且是政府的義務，這是可以公認的。政府之設，正是爲此。爲什麼言論自由，既是行動自由之一種，偏要享特別權利，不受干涉；爲什麼社會遇到其中分子的言論，對於自己將要發生危險的時候，明明知道而偏要束手不事防禦：關於這兩層，至今沒有人能發現獨立的和抽象的理由，來作圓滿的答覆。既做政府，便不能不辨別是非；政府的判斷也許會錯，但是豈有深信危險同禍害就在目前，反而放棄分內的責任，不去干涉之理？

這樣的措詞，是古今以來多少政府用以壓迫自由思想的藉口。用這話作辯護，可以說是歷史上的宗教審問處、出版檢查法和褻瀆法等等，縱然是行使過度，或是判斷差池，但其命意所在，還是保護社會抵抗這些立法、行法的先生們，自己一心信以爲有重大危害的東西；這些都是出自義務的行動。（這個藉口，僅是一個世間的理由；至於那種加害於人，還硬說是爲受害者自己的好處，有如來日得救之說，自不能擅行假藉。）

時至今日，我們對於那些歷史上的手段，如上所述的，一概認爲罪惡；並且否認國家有任何權力，可以干涉意見的自由發表。自由的原則，入於我們的心裡若是之深，至於欲爲我們誤入迷途的祖先所用的壓制手段，稍留餘地，也不可得。但是這種原則，用什麼理由作根據呢？他所根據的不是抽象的理由，也不是離開社會本身而獨立的理由。他的根據，是完全從社會的實利（utility）上著想。

我們看過蘇格拉底怎樣指點出討論自由的社會價值來。我們看過米爾頓怎樣說明此種自由，是知識的進步所必須的。但是當寬容的戰爭打過，實際上已告勝利的時候，大家的持論，多半離開上面所述的理由，而認爲一個人由於誠實相信，而又不能不信一種意見而受懲罰，很不公道，因爲知識的深信，不是個人的意志可以轉移的。換句話說，知識的錯誤，不能稱爲罪惡，所以懲罰這種錯誤，是失卻公道。只是這個理由，並不能證明討論的自由，是無論如何應當保存的。主張壓制的人可以回答道：我們承認一個人因私人所信的錯誤而受懲罰，是不公道的；但是如果我們深信他所信的這些東西有害，禁止他們傳播，則不能說是不公道；我們並不是懲罰他私自相信他們，乃是懲罰他發表他們，與你上面所謂的公道，有何相悖？不知這種辯論的癥結所在，在於開初立論的人就用壞了「公道」這個名詞，易於起人誤解。所有的道德都根據於生理的和社會的經驗之上，公道自然不是例外。「公道」這個名詞，不過是用以表現一類的原理和原則，從人類的經驗，知道其社會的實利是極大的，並且是如此重要，可以凌駕一切目前的權宜，認其爲微屑而不足一顧。社會的實利，是這件事唯一的試驗。所以如果不能表明思想自由這個原理，對於社會實利，若是得超過一切，足以使其他的權宜退處於不足數之地步，則高談政府壓制思想自由爲不公道，直等廢話。最初就認明思想自由對於社會的價值，蘇格拉底可以說是獨具隻眼的了。

以系統的精密推理，作擁護思想自由的主張，這種工作當推到約翰・史都華・穆勒於一八五九年所發表的《論自由》[1]這本書概論自由，並且想爲個人的自由，畫一個範圍：在這界限以內，他是絕對的，不能侵犯的。這書的第二章專論思想和討論的自由；假設有很多人想約翰・史都華・穆勒對於社會的職務，不免看得太狹小，對於社會向個人要求的權利，不免降得太低落；卻是絕少的人會對於約翰・史都華・穆勒所持主要的理由，能說是不得當，而對於他結論的健全，會發生疑問的。

他指出社會對於個人干涉得當否，是沒有確定的標準可以試驗的；他只能以自衛的原則，就是防止任何舉動侵害他人的原則，做他試驗的標準。他的主張，不是根據於抽象的權利之上，乃是根據於「廣義的實利之上，這種實利爲進步中之人類的永久利益之所本的。」那些壓制思想的人，（假定他們是誠實地行其所是），不承認他所壓制的思想是眞的；但是他們不會永遠沒錯。他們也許錯、也許對、也許半錯半對。

（一）若是他們錯了，而被他們摧殘的思想是眞的，那他們就是爲人類剝奪了，——至少也是盡力爲人類去剝奪，——一件眞理。但是他們還要辯護道：我們的舉動是應當的，因爲我們執行我們盡心盡力的判斷；難道因爲我們的判斷會有錯，我們就永遠不用它嗎？我們所禁止傳播的思想，是我們確定以爲是假的，是危險的；這種舉動，也許不會沒錯，但是這與他項政府的舉動不會沒錯，有何分別？我們若是有任何舉動可言，沒有不先認爲自己的意見是眞的之理？對於這種論調，約翰．史都華．穆勒精闢地回答道：「認定一個意見是眞的，因爲它經過多少時機的爭執，都不曾駁倒；與認定一個意見是眞的，而存心不許人家來駁：兩者之間，有最大的區別。讓他人對我們的意見有充分的自由，來辨難反駁，乃唯一的條件，足以試驗我們因實行而擬以爲眞的意見，是否得當，和這種行動，是否當有。除此之外，沒有其他的條件，可以給僅具人類稟賦的生物，以任何合理的保障，說它是對的。」

（二）假定大家認爲天經地義的意見，想把他看護著不受錯誤觀念侵害的，然而壓制討

---

①約翰．史都華．穆勒的（*On Liberty*）一書，嚴復先生最初譯作《論自由》，後來他似乎漸漸趨於保守方面去了，改名爲《群已權界論》，於清末由上海商務印書館出版。

論這種意見，還是與公共的實利相反。大家公認的意見，也許沒錯（但是絕少盡對的）；但是他的沒錯所要得的合理的確定，只有讓大家充分討論，討論還不能，動搖以後，才能算數。

（三）比較平常卻是更爲重要的，就是當這幾種衝突的主張，各含一部分眞理的時候。對於這層，約翰．史都華．穆勒不難證明以一方面通俗不曾經意的眞理，去補充通俗所持的片面眞理，大有社會的實利存在。並且他進一步說明若是這都含眞理的兩方面意見，不但僅須寬容，並且更須鼓勵的時候，那應當受鼓勵的，就是那適爲少數人所主張的意見，因爲「他在當時是代表大家所忽視的東西，所不經心的利益。」他舉當年認爲危險而幾乎被摧殘的盧梭學說爲例。在心滿自得的十八世紀中，這類學說進來「將固結在一團的片面意思，如春雷一聲，震個稀散；這個震動的結果，不是沒有好處。」事實上盧梭的學說，不是完全無缺；當時通行的意見，有些地方比盧梭的更接近眞理而少含錯誤，「然而正是在盧梭的學說，和從他發出的支派裡面，含著、淘著、積著大堆的眞理，恰恰是當然通行的思想中所缺少的；洪水退了，留下卻有可寶貴的沉澱。」

以上所說，是約翰．史都華．穆勒所持理由的主要趨向。著者雖與約翰．史都華．穆勒的推理相同，然對於主張思想自由的理由，都願作一種多少不同一點的立論。文明的進步，縱有一部分根據於不由人類統治的環境，然而大部分卻靠著他力量可以統治的東西；這後一部分，正是日加無已。其中最顯著的就是知識的增進，和習慣與制度，二者與新環境的互相適應。爲知識的進步和錯誤的改正起見，不受限制的討論自由是必須的。歷史告訴我們當玄想在希臘完全自由的期間，是知識最長進的時代；他又告訴我們，直等到好些研究探尋眞理的束縛解除以後，近代的學術方電掣風馳地前進，使那班奴役於中古教會的人見了，簡直以爲是鬼使神差似的。可見若是要把社會的習俗制度和方法，重新適應著新的環境和要求，必須要先有無限制的自由，去討論和批評他們，去讓最不合時宜的意見發表。無論這種意見對於一時好尚的情感，如何衝犯，都當讓他們充分發表出來。若是文明史對於我們有任何教訓，這個教訓便是：對於知識和道德的進步，有一個無上的條件，是人類自己可以完全保持著的，這就是思想和討論的完全自由。建設住這種自由，可以說是近代文明最可寶貴的成績；爲社會進步的條件，這種自由更是木本水源。從他根據的永久實利上著想，可以使我們權衡輕重，知道爲任何眼前利益的打算，常常引誘我們去違犯他的，總敵不過打破這條基本原理的損失之重大。

當然這番話，有一個首先的假定，就是認爲人類的進步，和他知識的與道德的發展，都是眞實的、可寶貴的。若是有人與大主教紐曼同一鼻孔出氣，以爲「我們種類的進步，和他盡美盡善的可能性，都是一場春夢，因聖靈啓示之說，與他相反」，那這種理由，自然不是爲他說法。若是他爲主張一貫起見，更要信從紐曼的話，以爲「若是英國人比現在更大大地要迷信、要悖妄、要慘淡無生趣、要在宗教裡面更兇狠，則對於英國更有好處」，那我也只得聽其自然，無可奈何了。

當約翰．史都華．穆勒著這本人人當讀的《論自由》的時候，英國政府正是用法律手續，去查辦殺暴君不算非法之說，認爲不道德而禁止他的流行（一八五八年）。幸而這些案子，沒有澈底追究下去。約翰．史都華．穆勒論到這件事，主張殺暴君之說，（讓我們把現在所謂無政府說也加進去），不能屏斥在下面這個原理以外。這個原理就是：「當他作倫理的深信看，不問一種主張被人家認爲如何不道德，都應當讓人主張此說的人，有充分的自由去對人宣布，和人討論。」

在有些情形之下，似乎權威的干涉，是正當的；但是這種干涉，乃是爲了另一件事，不能與干涉思想自由相混淆。例如有人以語言文字直接構成一些暴亂的舉動，政府出來干涉，也許是合法的。但是這種罪狀，必須是直接的，而且是蓄意的。假設如果我寫了一本書，攻擊現在的社會，鼓吹無政府的學說，有一個人看了，發生一種不可恕的罪，也許推本溯源，認爲使他成無政府主義者（anarchist）而引誘他犯罪的，是我這本書；但是除非能在我的書裡，找到關於他犯的這件特殊罪案，有直接的煽動指使之處，則我斷不當因此受懲罰，我的書也不當因此受禁止。

有時候遇到困難的事情發生，也許是政府本身受極強的引誘，也許是人民眾口一聲地要求政府，去侵犯自由的原則，——這不是不可想見的事。假設一件事情，雖然很不見得會眞能實現，但是可以把我所研究的問題，格外解釋得明白確定。假設有一個人，具有極大感動人的人格，能夠將任何不合理性的思想，有奇異的稟賦，使人家聽得如醉如迷，簡言之，這個人是一種十分之十的宗教領袖，一旦自己相信了數月之內，世界就到了末日。他於是遍遊全國，演說和分發小冊子；他的話入人心中，有一種電氣似的影響；於是一般無知識或知識不完全的群眾，被他說服，都信最後的審判，幾星期以內就到了。無數的人放棄他們的職業，拋開他們的工作，費這剩留的最短期間，去禱告和聽這位先知者熱烈地開導。於是全國因這種大規模的罷工而癱瘓；交通和工商業完全停止。照法律上講，本來人民放棄自己的工作，和這位先知者傳佈世界末日即到的主張，都是完全合法的。其實當年耶穌基督和他的門徒所主張的，也是這同樣錯誤的意見。然而在信基督教國家裡的人，一定以爲這種急症，只有用急藥來醫；很強的引誘，要使他們禁止這個瘋迷似的人物。但是拘禁一個自己不曾破壞法律，也不曾勸他人破壞法律，更不曾引起破壞和平的暴動來的人，無論如何，不能不說這種舉動是彰明較著的濫用壓力，實行專制。一定有多少人以爲把自由的時計倒撥一點的惡結果，與目前放任幻覺去肆意傳播的惡影響相比，也可抵消。不知言論自由，有時在特殊的情形之下，發生壞的影響，苟非愚妄，誰不承認。任何是好的東西，有時也會有害。就以政府爲例，政府何曾不會有致命的錯誤；法律對於各種案件，何曾不常是殘酷而失公平。不怕基督教徒聽了不高興，問問他們，自古以來因他們宗教裡專賣得救之說而引起他人所受說不盡的苦痛，該有多少，難道他們還有詞可以自解嗎？

一旦把思想自由的原理，認作社會進步的無上條件，則它已經超過通常的權宜範圍，而入於最高的權宜範圍以內了。這種最高的權宜，就是我們所說的「公道」。換句話說，它已爲一種人人應當享的權利。它既然是一種普遍的權宜，以最後的實利爲根據的，則政府斷不能以特殊情形下的臨時實利爲藉口，去破壞它。

近來可使人吃驚的事，就是英國也要恢復褻瀆法，加違犯者以懲罰的幾個案件。我們可以藉這幾個案子，更說明這個基本的主張。英國那些關於侮神的法律，（參看前面〈理性主義之發展〉一章），雖然不曾正式取消，卻是等於廢紙，這是大家所公認的。但是自一九一一年十二月以來，英國有半打人因爲犯了這種法律，關在監獄裡。在這些案子裡面，都是貧窮和教育不完備的人，用了所謂粗撞的詞令，攻擊基督教，因而獲罪。他們雖以違犯褻瀆法而獲罪，但是有幾位審判他們的法官，似乎主張以爲「於爭辯時而能保持雅潔適宜的詞令」，並不算侮神；只是「有傷風雅」的攻擊宗教，才構成侮神的罪狀。這樣說來，那法律上對於褻瀆法又添了新的意義了。這種解釋，是與法律的本意是完全相反的。萊斯利．史蒂芬爵士明白指示給我們看，自黑爾爵主的時代（十七世紀）以至富迪一案（Trial of Foote）（一八八三年），其間所有法庭關於這類的案件，都定下一個同樣的原則，都根據一個同樣的主張。這個原則就是：凡否認、或蔑視、或嘲笑基督教的基本原理，都屬犯罪行爲。這個主張就是：基督教是英國法律的一部分。

爲他們辯護的說，懲辦這些案件的用意，是在維護人的宗教心，使他不受非笑和侮辱。萊斯利．史蒂芬爵士又說明道：「若是法律眞是大公無私；因爲衝犯了信宗教者的感情，就把撞犯者定侮神罪，然則傳教者每逢講演，衝犯了多少不信宗教者的感情，便不當同樣定罪？凡是比較虔誠熱烈的宗教，對於不信它的人，沒有不是極端衝犯的。」若是法律毫無意思承認基督教的教義是眞理，爲什麼它不以同樣的規則對待「救世軍」。實際上說起來，這種法律「只有用我認爲是它眞正的主張去解釋，才能夠通，才有詞可託。這個主張，就是實行宗教殘迫。」反對基督教的人可以正當地說：若是基督教果然是眞的，則任他人放膽批評，亦復何害？若是基督教是假的，爲什麼只能允許人家用客氣的詞令，才可攻擊？基督教的好壞，在乎它教義本身的眞假。若是你先就虛心了，當它做一個紙老虎看待，那你便不當使它受特別的保護。況且，爲什麼法律任基督教徒，怎樣衝犯與他教義不合的人，而不加以裁制？可見由於用衝犯的詞令而使用者獲罪的一層理由，絕不是至公無私，無所偏袒的。可見得他先有假設基督教是眞實的成見。可見得他的主張，還是中古時代宗教殘迫的主張。

當然，現在法庭關於侮神罪的措置，還不足以危及那些受高等教育，對於人類進步有貢獻能力的不信宗教者之思想言論自由。但是他違犯思想言論自由的最高原則之一。只是那些可憐沒受教育的人，只曉得用他所能夠說的一種說法，去表現他的思想，於是一說便抓住了；這些受不同教育，知道換一個方法去說的人，雖然說得更有力量，更要狡猾，幸而不能被他們抓住。那些兩年以來關於監獄裡的人②，只是說話的風格不佳便了，其實這種意見，

② 這些案子發生於一九一一年底，這本書原文於一九一三年出版。

在多少書上，用客氣一點的詞令，都曾表現出來過；而且這些書凡是牧師的書架上，（要是他不是很沒有教育的人），都沒有不擺著的。要是法律有任何效力，爲什麼不查究這些書呀？可見現在執行的法律，不過是維持風雅，把一班不曾受教育的自由思想者，弄得無法出聲便了！若是他們所用的言語，衝犯聽者，至於發生擾亂秩序的舉動，則他們也當受法律的制裁；但是他們只犯擾亂公共秩序的罪，而不犯侮神的罪。[3]譬如一個人偷盜或是損害了教堂，甚至於偷宮裡東西，他當然犯罪；但是他所犯的乃是偷盜，惡意損害，和這同類的罪名，而不是侮辱宗教大不敬的罪名。

廢止懲辦侮神的法律，於一八八九年曾經議員查爾斯．布拉德勞提出眾議院，竟遭否決。這種改革是急切需要的。這種改革，正可以「防止此項不定什麼時候出現而丟醜遺笑的法律公案。這種懲辦的案子，不但永不曾於任何時間，對於任何人有利益；並且對於他本來的目的，更是不能達到。他尤其可以藉宗教名義的護身符，爲滿足報復個人仇怨的捷徑。」[4]

這個理性反對權威戰爭的結局，像是爲自由爭到最後的和永久的勝利。在當代最文明而最進步的國家中，討論自由已公認爲基本的原則。事實上我們並且可以說這種原則，已被大家認作國家是否開明的試驗。執途人而問，莫不傾向於說俄羅斯與西班牙，就其國內思想不免多少被箝制一層而論，不能不算是不及他們的鄰國文明。凡是像樣有知識的人，沒有不承認將天上地下一切問題，不須管也不須問神學的種種假定，只當學習自由研究，是理所當然的。沒有治科學的人，無論他研究的結果，如何與流行的信仰發生爭端，會害怕將這種結果發表的。對於宗教教義和政治與社會制度的批評，也是可以自由發表的。樂觀的人也許泰然不疑，以爲這種勝利是永久的；以爲知識的自由，自此爲人類所有；以爲將來苟有任何勢力與他爲敵，沒有不失敗的，而這種自由也漸漸地分散到地球上比較不進步的國家民族裡去，使全世界都是他的領土。然而歷史也能昭示我們，說這種樂觀的印象，不見得一定可靠。我們難道敢擔保不會有大的挫折在前面嗎？我們難道不見在古代希臘和羅馬的時候，討論和玄想的自由，完全實現，以後忽然來一個從前看不見的勢力，託體爲基督教，拘囚了人類的思想，壓制住一切的自由，並且硬把一個曠日持久的戰爭，加在人類身上，使他苦鬥多少世紀，才把以前失去的自由，僅僅恢復？難道這同樣的事情，不會再見？難道不會另有一種新勢力，爲我們預料所不及的，突然出來，把世界弄得不知所措，爲自由造成一個同樣的大挫折，釀成一個大退步？這些事情，難道是我們想像所不及的？

這些事有發現的可能，我們絕對無從否認；但是從幾方面著想，他們的發現，並不見

③ 德國法律也有侮神罪的規定；但是必須有確切證明，是眞正的侮蔑。而且監禁期不得過三天以上。——原注

④ 這段徵引，取自（Sir J. F. Stephen 的 Blasphemy and Blasphemous Libel 一文，於一八八五年三月，在 *The Fortnightly Review*）雜誌發表，見該號二八九至三一八頁。——原注

得會有，（除了世界有一個大變動，將歐洲文化一下掃盡，但是這與我們研究的範圍無關）。現在的與古代的知識情形之間，有些很大的區別。希臘人對於宇宙的性質，知道具體的事實很少。許多由他們所授受的，並不曾經過證明。把他們的天文學和地理學的知識，與現在我們所有的一比，便可明白。（舉這兩種科學為例，因為除了數學之外，在希臘時候他們最為發達）。凡是證明的事實，不足為研究作根據的時候，所留下的玄想地位，常是最寬。去禁止一群彼此相爭而無佐證的學說，由權威的好尚，擇一而定，與禁止一組由各種有根據的事實合成的全個知識統系，迫他屈從權威，是完全兩回事，性質不同的。譬如一派的天文學家以為地球繞日，他派的以為日繞地球，若是任何方面都不演證他的假定，自然很容易使擁有壓力的權威，出來干涉，很有效地壓倒一方面。若是一旦所有的天文家根據演證，都同意了地球繞日之說，而有任何權威不自度量，硬要逼迫他人相信他種不合眞理的意見，想藉壓力成功，眞是絕無希望的了。總而言之，因為理性對於宇宙的性質，得到很多確定的事實作根據，所以壁壘格外森嚴，與當年被基督教神學擒去做俘虜的時候，不可同日而語。所有的事實，都是他防禦的工程。不但這層顧慮可以打消，就是將來知識的繼續進步，想起來也是很難停止的。在古代則這種進步，僅靠著少數的個人；現在則多少國家，都通力合作。在希臘一般人對科學的重要，不曾有過深信，現在則這種深信，瀰漫各處。近代物質文明的進步，靠著科學；這種情形，或者是科學研究不至於突然中斷的一種實際保障。事實上科學在近代成為一種社會的制度，正如宗教成為社會的制度一樣。

雖然科學的安全，像是可以過得去了，但是在尊重科學精神的國家裡，遇到關於社會、政治和宗教問題的玄想，常常不免受嚴重的限制，這是很可能的。俄國的科學家與他國的相比，毫無遜色；但是俄國檢查的制度，比什麼都可恨。在今日思想自由的國家，將來不見得不會實行壓制。如一旦有革命的社會運動得勢，其領袖熱烈地奉著幾條天經地義，（如法蘭西大革命時代的領袖），決心要把他們強之於一般人，則已往的經驗告訴我們，壓制幾乎是不可免的手段。只是無論如何，雖然想將來不會有人向著時代開倒車，是一件傻事，自由在今日所占的地位，卻是比當年在羅馬帝國時代所占的好得多。因爲在以前思想自由關於社會的重要，不曾受人領會，在今日由於建設此種自由所必須的長期戰爭之結果，大家都有意識地領會他的價值。這種深信，或者就足以抵抗一切反對自由的陰謀。在這個當兒，我們應當盡所有的力量，使幼稚和青年的心裡，受到一種深刻的印象，認定思想自由是人類進步的基本原則。這種工作，恐怕非經過很長的期間，不能成就。因爲我們自古以來幼稚教育的方法，都是教孩子順著權威。誠然，也有時有人教孩子自己去想。但是給這種最好勸告給孩子的父母或師長，仍然自己預信孩子所想的結果，是會和他尊長所希望的相合。他們還是假定孩子會順著權威給他的原則去推理的。若是孩子自己的思想，對於給他的道德或宗教的原則，發生疑問，則除非他的父母或師長眞是了不得的人，他們沒有不是極端不快活，並且一定是使他挫氣的。這還只是極有希望的孩子，才能把思想自由，達到這個地步。從這方面來說，對於孩子領洗，以「不信託父母」爲第一誡，恐怕是對於人類前途最好的教訓。平情而論，一等到孩子能懂事的時候，立刻教導他分別在什麼時候承受權威的話爲合理，在什麼時候爲不合理，實在是一部分絕不可少的教育。

參考書目

概論（General）

1. W. E. H. Lecky: "*History of the Rise and Influence of the Spirit of Rationalism in Europe*," 2 vols., (Originally published in 1865).
2. A. D. White: "*A History of the Warfare of Science with Theology in Christendom*," 2 vols., 1896.
3. J. M. Robertson: "*A Short History of Free-thought, Ancient and Modern*," 2 vols., 1906, (Comprehensive, but the notices of the leading freethinkers are necessarily brief, as the field covered is so large, the judgments are always independent).
4. A. W. Benn: "*The History of English Rationalism in the Nineteenth Century*," 2 vols., 1906, (Very full and valuable).

希臘思想（Greek Thought）

1. Th. Gomperz: "*Greek Thinkers*," (English translation), 4 vols., (1901-1912).

英國自然神論者（English Deists）

1. Leslie Stephen: "*History of English Thought in the Eighteenth Century*," Vol. 1, 1881.

十八世紀法國自由思想者（**French Freethinkers of Eighteenth Century**）

1. John Morley: "*Voltaire.*"
"*Diderot and the Encyclopaedists.*"
"*Rousseau.*"

（參看本書第四章）

十九世紀理性的《聖經》批評（**Rationalistic Criticism of *the Bible***）（**Nineteenth Century**）

1. Articles in "*Encyclopaedia Biblica,*" 4 vols.
2. A. Duff: "*History of Old Testament Criticism,*" 1910.
3. F. C. Conybeare: "*History of New Testament Criticism,*" 1910.

宗教殘迫與宗教審訊制（**Persecution and Inquisition**）

1. H. Lea: "*A History of Inquisition of the Middle Ages,*" 3 vols., 1888.
2. H. Lea: "*A History of Inquisition of Spain,*" 4 vols., 1906.
3. E. S. P. Haynes: "*Religious Persecution,*" 1904.
4. W. Archer: "*The Life, Trial and Death of Francisco Ferrer,*" 1911.
5. J. McCabe: "*The Martyrdom of Ferrer,*" 1909.

（以上兩書是特別關於 Ferrer 一案）

宗教寬容（Toleration）

1. F. Ruffini: "*Religious Liberty*," (English translation),1912.

2. L. Luzzatti: "*Liberty of Conscience and Science*,"(In Italian, Suggestive).

原注：本書中所引近代的重要著作，（如休謨的《人類理解研究》〔*An Enquiry Concerning Human Understanding*〕與穆勒的《論自由》〔*On Liberty*〕等），有些已由 Rationalist Press Association 翻印，以廉價發售。

約翰・巴格內爾・伯里年表

John Bagnell Bury, 1861-1927

年代	生平紀事
一八六一	十月十六日，愛爾蘭 Clontibret 出生。
一八八二	他的大學教育，是在愛爾蘭首都都柏林大學的三一學院受的，給了他一個碩士的學位。
一八八五	被舉為都柏林大學的研究員（Fellow）。
一八八九	發表"*The History of the Later Roman Empire from Arcadius to Irene*"一書。
一八九三	．受聘為都柏林三一學院近代史教授。 ．發表"*Student's History of Roman Empire from Augustus to Marcus Aurelius*"一書。
一八九六	該年至一九〇〇年校訂並詳盡注釋吉朋的名著《羅馬帝國衰亡史》（*The History of the Decline and Fall of the Roman Empire*），成為流傳至今的定本。
一八九八	任命為希臘語的欽定教授，同時擔任歷史教授。
一九〇〇	發表"*A History of Greece to the Death of Alexander the Great*"一書。
一九〇二	該年後任劍橋大學近代史欽定教授。
一九〇五	發表"*A Life of St. Patrick and His Place in History*"一書。
一九一一	發表"*The Imperial Administrative System in the Ninth Century*"一書。

一九一三	發表*"A History of Freedom of Thought"*一書。
一九二〇	發表*"The Idea of Progress"*一書。
一九二七	六月一日，義大利羅馬逝世。

索引

一、人名索引

六畫

七畫

八畫

九畫

十畫

十二畫

十三畫

十四畫

十五畫

十六畫

十七畫

十八畫

十九畫

二十畫

二十四畫

二、名詞索引

一畫

二畫

三畫

四畫

六畫

七畫

八畫

九畫

十畫

十一畫

十二畫

十三畫

十四畫

十五畫

十六畫

十七畫

十九畫

二十畫

二十一畫

二十二畫

經典名著文庫 148

思想自由史

A History of Freedom of Thought

作　　者 — 約翰・巴格內爾・伯里（John Bagnell Bury）
譯　　者 — 羅家倫
發 行 人 — 楊榮川
總 經 理 — 楊士清
總 編 輯 — 楊秀麗
文庫策劃 — 楊榮川
副總編輯 — 黃文瓊
責任編輯 — 吳雨潔
特約編輯 — 廖敏華
封面設計 — 姚孝慈
著者繪像 — 莊河源
出 版 者 — **五南圖書出版股份有限公司**
地　　址 — 臺北市大安區 106 和平東路二段 339 號 4 樓
電　　話 — 02-27055066（代表號）
傳　　眞 — 02-27066100
劃撥帳號 — 01068953
戶　　名 — 五南圖書出版股份有限公司
網　　址 — https://www.wunan.com.tw
電子郵件 — wunan@wunan.com.tw
法律顧問 — 林勝安律師事務所　林勝安律師
出版日期 — 2021 年 9 月初版一刷
定　　價 — 360 元

國家圖書館出版品預行編目資料

思想自由史 / 約翰・巴格內爾・伯里（John Bagnell Bury）著；羅家倫譯．-- 初版．-- 臺北市：五南圖書出版股份有限公司，2021.09
面；公分．--（經典名著文庫；148）
譯自：A history of freedom of thought
ISBN 978-626-317-033-9（平裝）

1. 思想史　2. 理性主義

110　　110012474